L'AVENIR INDUSTRIEL DE L'AFRIQUE

Samir Amin - Alexandre Faire - Daniel Malkin

L'AVENIR INDUSTRIEL DE L'AFRIQUE

Éditions L'Harmattan
7, rue de l'École-Polytechnique
75005 Paris

Agence de Coopération
Culturelle et Technique
19, avenue de Messine
75008 Paris

AGENCE DE COOPÉRATION CULTURELLE ET TECHNIQUE (A.C.C.T.)
ÉGALITÉ, COMPLÉMENTARITÉ, SOLIDARITÉ

L'Agence de Coopération Culturelle et Technique, organisation internationale créée à Niamey en 1970, rassemble des pays liés par l'usage commun de la langue française à des fins de coopération dans les domaines de l'éducation, des sciences et des techniques et, plus généralement, dans tout ce qui concourt au développement des États membres et au rapprochement des peuples.

PAYS MEMBRES

Belgique, Bénin, Burundi, Canada, République Centrafricaine, Comores, Côte-d'Ivoire, Djibouti, Dominique, France, Gabon, Haïti, Haute-Volta, Liban, Luxembourg, Mali, Ile Maurice, Monaco, Niger, Nouvelles-Hébrides, Rwanda, Sénégal, Seychelles, Tchad, Togo, Tunisie, Viêt-Nam, Zaïre.

ÉTATS ASSOCIÉS

Cameroun, Guinée-Bissau, Laos, Mauritanie.

GOUVERNEMENTS PARTICIPANTS

Nouveau-Brunswick, Québec.

ISBN : 2-85802-171-6

Préface

Je suis heureux de présenter cet ouvrage, le premier d'une collection qui permettra la publication des travaux du programme *Stratégies pour le Futur de l'Afrique.* Ce programme de l'U.N.I.T.A.R. relève de l'ensemble des études sur le Futur, placées sous la direction de M. Philippe de Seynes. Il est dirigé par M. Samir Amin et a son siège à Dakar.

L'ouvrage fait le point du développement industriel du continent au milieu des années 1970 et présente d'une manière synthétique différentes thèses proposées concernant l'avenir de ce développement. Le rôle et la place des industries d'extraction, des industries légères de substitution d'importation, des industries d'exportation et des industries de base ont été examinées dans différentes perspectives d'évolution de la division internationale du travail.

On a ainsi étudié les possibilités de l'Afrique dans la perspective d'une stratégie d'industrialisation d'exportation fondée sur son potentiel de main d'œuvre et de ressources naturelles, en conformité avec les objectifs du Nouvel Ordre Économique International, comme on a posé les problèmes d'une stratégie d'industrialisation autocentrée, conçue au niveau des différents pays comme des groupes régionaux de l'ensemble africain, dans laquelle l'industrie serait envisagée comme moyen au service du développement agricole et de la satisfaction des besoins essentiels.

L'ouvrage résulte des premiers travaux entrepris dans le cadre du programme mentionné. Les thèses qui sont développées ici avaient fait l'objet d'une discussion approfondie au cours d'un colloque organisé à Dakar en juillet 1977, qui avait permis le lancement du programme. Ce colloque réunissait une centaine de participants africains, universitaires et praticiens du développement. Que les gouvernements du continent qui ont contribué à leur participation trouvent ici l'expression de mes remerciements sincères. Ceux-ci vont également à l'Agence Suédoise pour la Recherche et la Coopération économique (S.A.R.E.C.) qui finance largement le programme, et au Conseil pour le Développement de la Recherche Sociale en Afrique (C.O.D.E.S.R.I.A.) dont le siège, à Dakar, abrite l'équipe du programme et qui contribue à lui assurer un contact permanent avec les instituts et centres de recherches du continent, membres de ce conseil.

Depuis, le programme a franchi quelques étapes supplémentaires. Dans le domaine de l'industrie précisément, une analyse plus approfondie de quatre filières principales (la bauxite et l'aluminium, le cuivre, l'uranium, le minerai de fer et la sidérurgie) permettra bientôt de présenter au lecteur une économie politique des ressources minérales et de la rente minière en Afrique, l'une des bases essentielles de la définition de stratégies susceptibles de mettre ces ressources naturelles et financières au service d'un développement global. Dans d'autres domaines, dans celui de l'analyse de la crise mondiale et de ses manifestations et conséquences en Afrique comme dans celui de l'analyse des perspectives agricoles et des exigences de l'objectif d'une autonomie alimentaire maximale, des travaux sont en cours, qui permettent d'enrichir la collection.

Naturellement, les points de vue qui sont présentés dans l'ensemble de ces travaux n'engagent que leurs auteurs et ne revêtent aucun caractère officiel ou officieux. Cependant, en prônant l'initiative de ces recherches qui associent universitaires africains, chercheurs étrangers et praticiens du développement en Afrique, l'U.N.I.T.A.R. a le sentiment d'apporter sa modeste contribution à la fois à la réflexion sur notre continent africain et à celle qui, au sein du système des Nations Unies auquel nous appartenons, permettra de faire avancer les travaux des différents organes chargés de promouvoir le développement économique et social.

Davidson Nicol
Directeur général de l'U.N.I.T.A.R.
décembre 1980

Introduction

Ce volume, comme ceux qui le complètent, est l'aboutissement d'une réflexion collective sur les avenirs possibles de l'Afrique (1). Réflexion collective : il présente un certain nombre de contributions et rend compte de discussions tenues à la *Conférence sur l'Afrique et la Problématique du Futur*, organisée en juillet 1977 par l'U.N.I.T.A.R. (2) et l'I.D.E.P. (3) et qui a réuni une centaine de chercheurs venus essentiellement de toutes les régions d'Afrique et d'autres continents du Tiers monde, auxquels se sont ajoutés quelques participants européens, américains et japonais.

Réflexion d'étape : cette conférence représente le premier pas d'une réflexion sur le rôle et la place de l'Afrique dans les issues possibles de la crise que connaît le système impérialiste dans son ensemble depuis la fin des années soixante.

Réflexion d'étape également, car cette conférence s'est déroulée dans un contexte précis : celle du passage d'une période de stratégie d'offensive du Tiers monde sur la scène internationale, inaugurée par la hausse des prix du pétrole en 1973 et la revendication concernant la définition d'un Nouvel Ordre Economique Mondial au cours de la 6e session extraordinaire de l'Assemblée Générale des Nations Unies en 1974, à une période de remise en cause de cette stratégie après l'échec provisoire presque complet des négociations diverses avec le Nord que cette stratégie avait amené à privilégier (C.N.U.C.E.D. IV à Nairobi en novembre 1976, conférence sur la Copération Internationale, conclue sans résultats notables à Paris en juin 1977) (4).

(1) G. HAMID et M.L. GAKOU, Bilan du développement économique et social de l'Afrique, 1945-75. *L'avenir de l'Afrique australe*, textes présentés par S. AMIN.

(2) United Nations Institute for Training and Research.

(3) Institut africain de développement économique et de planification.

(4) La signification de cet échec a fait elle-même l'objet d'un débat. Voir le

Réflexion nouvelle enfin, dans la mesure où la période d'offensive du Tiers monde avait déplacé depuis 1973 le débat dans son sein du niveau de la lutte des classes internes et des stratégies de développement, privilégié au cours des années soixante dans la foulée des indépendances nationales, à celui des négociations internationales d'ensemble. Sans prétendre que ces niveaux ne sont pas articulés, la conjoncture de l'échec des négociations internationales d'ensemble a exigé, exige encore une synthèse approfondie de ces niveaux. Comme en témoigne, exemple parmi d'autres, la discussion renouvelée de la théorie chinoise des trois mondes et du front uni contre les deux superpuissances.

Cette conjoncture a bien évidemment marqué le débat qui avait été organisé autour de trois familles de scénarios d'avenir possibles du Tiers monde en général et de l'Afrique en particulier, définies dans le texte de Samir Amin qui inaugure ce volume (5) :

— une famille s'inscrivant dans la projection des tendances passées, et la prolongation, dans le contexte mondial de crise de longue durée, du blocage néo-colonial.

— une famille de scénarios fondés sur une nouvelle division internationale inégale, mise en place par l'aboutissement de la stratégie de négociation du Tiers monde avec le Nord.

— une famille de scénarios fondée prioritairement sur l'affirmation de modèles de développement nationaux autocentrés et l'ajustement des relations extérieures aux exigences de ce développement.

Le débat ouvert par cette présentation ne s'est pas attaché à ce qui apparaît nécessaire comme schématique si on confronte des visions d'ensemble à la diversité des expériences nationales ou locales, passées présentes ou futures, sur le continent africain même. Au contraire, cette présentation

texte, « Scénarios, stratégies d'industrialisation de l'Afrique. Division internationale du travail » dans ce volume.

(5) « Développement autocentré, autonomie collective et ordre économique international nouveau. » Voir en particulier l'annexe à ce texte « Trois familles de Scénarios pour l'Afrique. »

a amené à constamment resituer la diversité de ces expériences par rapport à la réflexion d'ensemble qu'elle a permis d'amorcer. De même, elle a permis de dépasser, en introduisant le jeu des contradictions inter-impéralistes et leur évolution, la vision d'un Nord irréversiblement unifié face aux diversités du Tiers monde.

Les textes de D. Malkin et d'A. Faire ont précisément permis d'affiner cette dialectique entre niveau général et niveau particulier tant au Nord qu'au Sud, et notamment en Afrique. Ils ont aussi permis d'affiner la dialectique « lutte-récupération » qui a marqué les relations Nord-Sud depuis 1973 et a situé la conjoncture précise de la conférence, donc du contenu des débats, en dégageant un scénario de la deuxième famille marqué non pas par l'affrontement mais par une coopération — dont les formes sont renouvelées — entre les bourgeoisies locales, privées ou d'état, et l'impérialisme sur le continent africain, tant en ce qui concerne les pays massivement exportateurs de matières premières que les autres.

D'une certaine manière, cette *récupération* de l'exigence d'un nouvel ordre économique mondial par le Nord a été au centre des discussions, dont il est rendu compte dans le texte « Scénarios, stratégie d'industrialisation, division internationale du travail », et ceci bien entendu en raison de la conjoncture environnant la conférence.

Plus précisément, ces discussions ont d'abord souligné le caractère intenable d'un prolongement pur et simple des tendances du passé — et du présent — pour le continent africain pris dans son ensemble, et ceci dans le contexte de crise durable du système impérialiste, sans néanmoins exclure la possibilité de voir de tels scénarios se développer sur une moyenne période.

Mais le premier thème de débat, ouvert par le texte de S. Amin, sur la périodisation de l'histoire récente du Tiers monde a fait resurgir la thèse des étapes nécessaires du développement, restreinte au capitalisme périphérique, notamment à travers la contribution de E. Montasser (6). Celle-ci a conduit à exprimer le point de vue de ceux qui estiment que la poursuite des négociations diverses Nord-

(6) Voir le texte « Scénarios d'industrialisation de l'Afrique, division internationale du travail. »

Sud, même si elle n'aboutit pas à des résultats conformes aux exigences du Sud, est un élément indispensable pour dépasser la première famille de scénarios.

Le deuxième thème de débat, ouvert par le texte d'A. Faire, a explicitement concerné l'avenir des industries d'extraction et de transformation des matières premières minérales et énergétiques en Afrique. La volonté du Nord, et notamment des États-Unis, de développer — peut être d'une manière considérable — le rôle de l'Afrique dans ce domaine a été questionné — en particulier par la contribution d'Y. Le Moal qui a souligné l'importance accrue des réserves de la « ceinture minière de l'Occident » (Alaska, Canada, Brésil, Indonésie, Australie, Océans) étroitement contrôlées, économiquement et politiquement, par les grandes firmes multinationales minières et les appareils d'État qui les appuient. Dans ces conditions, le développement des industries d'extraction et de transformation des matières premières minérales et énergétiques, et plus généralement de l'industrie lourde, tournée en priorité vers le marché africain mais exportatrice par nécessité au moins dans un premier temps, est conçu comme l'enjeu d'une lutte opposant l'impérialisme à des alliances de classes larges, nationales et internationales, sur le territoire africain, dans lesquelles les bourgeoisies nationales seraient parties prenantes. A la version *récupérée* du scénario 2 était donc opposée une version sans doute plus conforme aux conceptions originales du Nouvel Ordre Économique International, différant de la première quant au rôle qu'elle assigne dans la phase historique actuelle aux bourgeoisies locales africaines à la fois au niveau national et au niveau international.

Ce second thème de débat a très naturellement conduit à un troisième, qui a porté sur le contenu de la troisième famille de scénarios, c'est-à-dire du développement autocentré identifié à une transition socialiste dans les conditions spécifiques du capitalisme périphérique, et ceci tant sur la place à accorder à l'industrie lourde dans ce développement et la possibilité de voir dégénérer les processus éventuels d'intégrations régionales sur le continent africain en émergence de nouveaux sous-impérialismes.

Comme on peut le constater, c'est essentiellement en partant des perspectives de l'industrialisation de l'Afrique que se sont déroulés des débats portant en fait, comme on le verra, sur l'ensemble des aspects des trois familles de scénarios définies au départ. Nous avons choisi dans ce volume d'accentuer ce qui pourrait apparaître à priori comme un biais, et ceci afin de conserver à ces débats leur cohérence.

Comme on pourra aussi le constater, les principaux débats qui ont marqué la réflexion dont ce volume rend compte (stratégies de l'impérialisme en Afrique, rôle des bourgeoisies locales, contenu d'une transition socialiste) n'ont pas abouti à des conclusions reflétant un unanimisme factice qui aurait nécessairement porté sur un contenu pauvre. Tel n'était pas l'objet de cette réflexion qui a eu l'ambition de pouvoir poser de manière collective dans la conjoncture de remise en question de la stratégie offensive du Tiers monde, un certain nombre de questions clés ; qui a aussi l'ambition de permettre dans une deuxième étape, aujourd'hui en cours, d'approfondir le débat en cernant ses enjeux de manière de plus en plus concrète ; qui a enfin et surtout l'ambition, dans la conjoncture actuelle, de contribuer à la redéfinition d'une stratégie offensive du continent africain et plus généralement du Tiers monde, en tirant les leçons des expériences passées.

1

Développement autocentré, autonomie collective et nouvel ordre économique international

Quelques réflexions

par *Samir Amin*

1. Les décennies qui ont suivi la Seconde guerre mondiale ont été marquées par l'essor du mouvement de libération des trois continents, dont les objectifs étaient, en Asie et en Afrique, la reconquête de l'indépendance nationale et la défense de celle-ci par le refus des alliances militaires par lesquelles les États-Unis cherchaient à se subordonner la politique des États du Tiers monde. Cependant, en général, les objectifs et les méthodes de développement économique poursuivis ne remetttaient pas en cause les grands traits de la division internationale du travail façonnés au cours du dernier siècle. On acceptait donc généralement un modèle de développement extraverti et dépendant. L'échec objectif de ce modèle et la maturation des problèmes ont amené progressivement les pays du Tiers monde à s'engager dans une nouvelle stratégie dont l'objectif est d'asseoir leur indépendance politique reconquise par le renforcement de leur indépendance économique.

2. La nouvelle stratégie du développement s'affirme dans trois volets complémentaires : 1) l'option en faveur d'un développement « autocentré » (en anglais *self-reliant)* fondée sur le principe de « compter sur ses propres forces ». 2) La priorité donnée à la coopération et à l'intégration économique entre pays du Tiers monde (« autonomie collective », en anglais *« collective self-reliance »*). 3) L'exigence d'un ordre économique international nouveau fondé sur le relèvement des prix des matières premières et le contrôle des ressources naturelles, l'accès des produits manufacturés du Tiers monde aux marchés des pays développés et l'accélération du transfert des technologies.

On comprendra facilement que des mots d'ordre aussi généraux — même s'ils sont justes — soient susceptibles d'interprétations différentes. Par delà même les tentatives banales de récupération démagogique par des milieux locaux qui n'envisagent pas de développement autre que dépendant, par delà le ralliement verbal et opportuniste de certaines des forces extérieures hostiles en pratique aux objectifs du nouvel ordre économique international, des divergences sérieuses subsistent tant sur les objectifs finals que sur les moyens d'un développement autocentré s'inscrivant dans le cadre d'une tentative effective d'imposer un ordre mondial nouveau.

En fait, la véritable question est de savoir si les termes de l'alternative peuvent être définis comme ils viennent de l'être, c'est-à-dire indépendamment des objectifs finals, du choix entre socialisme ou capitalisme. Autrement dit, l'objectif d'un développement capitaliste *autonome* dans les pays du Tiers monde est-il réaliste ? Car les économies capitalistes développées sont bien autocentrées, bien que non autarciques. Parler ici d'interdépendance — même entre inégaux (car le capitalisme français n'est pas l'égal de l'allemand ou de l'américain) — revêt un sens. Par contre les économies capitalistes périphériques sont jusqu'ici extraverties et dépendantes et non « interdépendantes ». Pourraient-elles « s'autocentrer » sans sortir du système mondial des échanges de marchandises, de technologies et de capitaux ? Pourraient-elles y parvenir en forçant le système mondial à se réadapter, en imposant une division du travail égale et non plus inégale ? Pourraient-elles atteindre cet objectif par les moyens qui définissent le programme du nouvel ordre économique international ? Autant de questions qu'on ne saurait éluder.

3. En résumé, cette évolution récente du Tiers monde remet-elle en cause notre théorie du capitalisme périphérique ? Je rappelle que cette théorie affirme qu'il y a une différence fondamentale entre le modèle de l'accumulation autocentrée et celui qui caractérise le système capitaliste périphérique, rejetant par là même toute théorie linéaire des « étapes » du développement. Elle exclut la perspective d'un capitalisme achevé, autonome, dans la périphérie. Elle affirme que la rupture socialiste est ici objectivement nécessaire. Dans ce sens très précis, elle prétend donc que le mouvement de libération nationale constitue un moment de la transformation socialiste du monde et non une étape du développement du capitalisme à l'échelle mondiale. C'est là une question permanente, mais qui se pose sas cesse en termes nouveaux. Et ce sont ces termes nouveaux que nous nous proposons d'examiner dans cet article.

II

1. L'articulation déterminante dans un système capitaliste autocentré est celle qui relie le secteur de la production des biens de consommation de masse au secteur de la production des biens d'équipement. Cette articulation déterminante a effectivement caractérisé le développement historique du capitalisme au centre du système (en Europe, en Amérique du Nord et au Japon). Elle définit donc abstraitement le mode de production capitaliste « pur » et a été analysée, comme telle, dans *Le Capital.* Marx montre en effet que dans le mode de production capitaliste, il existe une relation *objective* (c'est-à-dire *nécessaire)* entre le taux de la plus-value et le niveau de développement des forces productives. Le taux de la plus-value détermine pour l'essentiel la structure de la distribution sociale du revenu national (son partage entre les salaires et les profits), et partant celle de la demande (les salaires constituent l'essentiel de la demande de biens de consommation de masse, les profits sont en totalité ou en partie « épargnés » en vue d'être « investis »). Le niveau de développement des forces productives s'exprime dans la division sociale du travail : l'affectation de la force de travail, dans des proportions convenables, à chacune des deux sections.

5. Si schématique que soit ce modèle, il n'en traduit pas moins l'essence du système. Dans ce modèle, on fait abstraction des relations extérieures, ce qui signifie non pas que le développement du capitalisme se soit opéré dans un cadre national autarcique, mais que les relations essentielles dans le système peuvent être saisies en faisant abstraction de ces relations. Plus précisément les relations extérieures sont soumises à la logique et aux exigences de l'accumulation interne autocentrée. Par ailleurs le caractère historiquement *relatif* de la distinction entre la consommation de masse et celle de luxe apparaît également ici clairement. Au sens strict du terme, doivent être considérés comme des produits « de luxe » ceux dont la demande provient de la fraction consommée du profit, tandis que la demande qui procède des salaires s'élargit avec le progrès des forces productives. Cependant cette succession historique du type des produits « de masse » a une importance décisive pour l'intelligence du problème qui nous préoccupe. La structure de la demande aux débuts du système favorise la révolution agricole, en offrant un débouché aux produits alimentaires *pour le marché intérieur*. Le capitalisme agraire est donc antérieur à l'épanouissement et à l'achèvement du mode capitaliste dans l'industrie.

6. Nous retiendrons donc des leçons de ce schéma trois conclusions importantes :

a — L'adaptation du mode de production capitaliste dans les régions qui deviendront les centres du système capitaliste mondial procède d'un processus interne de désagrégation des modes précapitalistes (ici féodal). Cette désagrégation des rapports de production féodaux dans le monde rural européen constitue le cadre social qui permet cette fameuse « révolution agricole » qui précède — et rend possible — la « révolution industrielle » qui suit. L'augmentation préalable de la productivité dans l'agriculture rend possible l'expulsion hors du monde rural d'un « excédant » de population (prolétarisé) et dégage simultanément le surplus vivrier marchand nécessaire pour la reproduction de ce prolétariat.

b — L'articulation dans le temps et dans l'espace des alliances de classes qui permettent aux nouveaux rapports capitalistes de s'apanouir dans l'industrie, si elle revêt des formes diverses, exprime toujours la même condition principale : l'alliance de la nouvelle classe dominante (la bourgeoisie industrielle) et de la propriété foncière (soit paysanne — après une révolution à la française —, soit latifundiaire — lorsque l'ancienne propriété féodale se transforme pour s'intégrer dans le marché, comme en Angleterre ou en Allemagne), dans le cadre d'un État national achevé et puissant.

c — Ainsi, la soumission des relations externes économiques et politiques) aux exigences de l'accumulation interne façonne progressivement le système capitaliste mondial. Celui-ci émerge comme un ensemble de formations centrales, autocentrées et interdépendantes (même si elles sont inégalement avancées) et de formations périphériques soumises à la logique de l'accumulation dans les centres qui les dominent.

Nous concluons donc que, si la vision d'un développement par « étapes » (avec simple « retard » historique des uns sur les autres) est grossièrement valable en ce qui concerne la constitution progressive des centres, elle ne l'est pas en ce qui concerne les périphéries.

C'est précisément cette conclusion qui est l'objet réel des divergences explicites ou implicites dans tous les débats concernant l'avenir du « Tiers monde ». Aussi est-il nécessaire d'envisager maintenant les étapes de la formation et de l'évolution des périphéries, comme les perspectives qui s'ouvrent à elles. Car précisément la thèse adverse soutient (explicitement ou implicitement) que, malgré leur origine extravertie, les économies sous-développées, à travers les étapes spécifiques de leur évolution, progressent vers la constitution d'économies autocentrées achevées. Celles-ci pourraient être « capitalistes » ou « socialistes » pour des raisons qui se situent dans un domaine indépendant de celui qui définit notre méthode d'analyse.

III

7. Considérons maintenant les étapes de l'évolution des périphéries du système capitaliste mondial, du moins depuis le milieu du siècle dernier. Dans ce modèle de l'accumulation à la périphérie du système mondial, il y a, à l'origine, la création — sous l'impulsion du centre — d'un secteur exportateur qui va jouer le rôle déterminant dans la création et le façonnement du marché. La *raison* ultime qui rend possible la création de ce secteur exportateur doit être recherchée en direction d'une réponse à la question relative aux conditions qui en rendent l'établissement « rentable ». Le capital central national n'est nullement contraint d'émigrer par suite d'une insuffisance de débouchés possibles au centre, mais il émigrera vers la périphérie s'il peut y obtenir une rémunération meilleure. La péréquation du taux du profit redistribuera les bénéfices de cette rémunération meilleure et fera apparaître l'exportation des capitaux comme un moyen de combattre la baisse tendancielle du taux du profit. Obtenir à la périphérie des produits qui constituent des éléments constitutifs du capital constant (matières premières) ou du capital variable (produits alimentaires) à des prix de production inférieurs à ceux qui caractérisent la production au centre de produits analogues (ou de substituts quand il s'agit de produits spécifiques), telle est la *raison* de la création de ce secteur exportateur.

8. C'est donc ici que s'insère la théorie *nécessaire* de l'*échange inégal.* Les produits exportés par la périphérie sont intéressants dans la mesure où l'écart des rémunérations du travail est plus grand que celui des productivités. Et il peut l'être dans la mesure où la société sera soumise par tous les moyens — économiques et extra-économiques — à cette nouvelle fonction : fournir de la main-d'œuvre bon marché relative au secteur exportateur. Dès lors l'articulation principale qui caractérise le procès de l'accumulation au centre — qui se traduit par l'existence d'une relation objective entre la rémunération du travail et le niveau de développement des forces productrices — disparaît ici complètement. La rémunération du travail dans le secteur exportateur sera ici aussi basse que les conditions économiques, sociales et *politiques* le permettent. Quant au niveau de développement des forces productives, il sera ici hétérogène (alors que dans le modèle autocentré il était homogène), avancé (et parfois très avancé) dans le secteur exportateur, arriéré dans le « reste de l'économie » cette arriération — maintenue par le système — étant la condition qui permet au secteur exportateur de bénéficier d'une main d'œuvre bon marché.

9. Dans ces conditions, le marché intérieur engendré par le développement du secteur exportateur sera limité et biaisé. Le caractère étroit du marché interne explique ce fait que la périphérie n'attire qu'un volume limité de capitaux en provenance du centre, bien qu'elle leur offre une rémunération meilleure. La contradiction entre la capacité de consommer et celle de produire est surmontée à l'échelle du système mondial dans son ensemble (centre et périphérie) par l'élargissement du marché au centre, la périphérie — méritant pleinement son nom — ne remplissant qu'une fonction subalterne et limitée. Cette dynamique conduit à une polarisation grandissante de la richesse au bénéfice du centre.

Néanmoins, à partir d'un certain niveau d'extension du secteur exportateur, un marché intérieur apparaît. Par rapport au marché engendré dans le procès central, celui-ci est biaisé au détriment (relatif) de la demande de biens de consommation « de masse », et en faveur (relative) de celle « de luxe ». Si tout le capital investi dans le secteur exportateur était étranger et si tous les profits de ce capital étaient réexportés vers le centre, le marché interne se limiterait en fait à une demande de biens de consommation de masse d'autant plus limitée que la rémunération du travail est faible. Mais en fait une partie de ce capital est local. Par ailleurs, les méthodes mises en œuvre pour s'assurer une rémunération faible du travail sont fondées sur le renforcement de couches sociales locales diverses qui remplissent la fonction de courroie de transmission : latifundiaires ici, koulaks là, bourgeoisie commerciale compradore, bureaucratie étatique, etc. Le marché interne sera donc fondé *principalement* sur la demande « de luxe » de ces couches sociales.

Ce schéma correspond effectivement à la réalité historique qui caractérise la *première phase du système impérialiste*. Cette phase a sans doute connu son âge d'or entre

1880 et 1914, mais elle est amorcée plus tôt en ce qui concerne l'Amérique latine, et elle se prolonge parfois beaucoup plus tard (jusqu'aux années 50 de notre siècle) ailleurs, notamment en Afrique tropicale. C'est l'âge du « pacte colonial » de la forme coloniale et semi-coloniale de la domination exercée sur les périphéries.

10. Par opposition au modèle central, ce modèle révèle trois caractères qualitativement différents :

a — Le mode capitaliste est ici « introduit de l'extérieur », par la domination politique. Il n'y a pas de désagrégation des rapports ruraux précapitalistes, mais — chose très différente — leur déformation par soumission aux lois de l'accumulation du mode capitaliste central qui les domine. Cela s'exprime par l'absence de « révolution agricole » préalable, c'est-à-dire par la stagnation de la productivité dans l'agriculture.

b — Les alliances de classes qui fournissent le cadre politique de la reproduction du système ne sont pas principalement des alliances de classes internes, mais une alliance internationale entre le capital des monopoles dominants et ses « alliés » (subalternes), pour utiliser un langage « enveloppant » : les « féodaux » (lire la gamme variée des classes dominantes dans les systèmes ruraux précapitalistes) et la « bourgeoisie compradore ». Il n'y a pas d'État national réellement achevé indépendant du service de ces classes locales, mais seulement des administrations au service du capital des monopoles, directement (cas colonial) ou indirectement (cas semi-colonial).

c — Les relations extérieures ne sont pas ici soumises à la logique d'un développement interne, mais sont au contraire motrices et déterminantes du sens et du rythme du développement.

IV

11. Cette première phase de l'impérialisme est aujourd'hui dépassée. Sous l'impact de quelles forces et pour s'engager dans quel type d'évolution ?

Le moteur de la transformation est constitué par *le mouvement de libération nationale antiimpérialiste.* Ce mouvement rassemble en effet trois forces sociales :

a) le prolétariat — encore naissant — surexploité,

b) la masse de la paysannerie doublement exploitée par les classes locales qui la dominent (les « féodaux ») et le capital des monopoles pour le compte desquels les « féodaux » ont intégré le « marché mondial », et de la bourgeoisie nationale à ce stade classe encore plus « potentielle » que « réelle », qui aspire à modifier les termes de la division internationale du travail pour se donner une base économique. En effet, la division internationale du travail du « pacte colonial » est simple : la périphérie n'exporte que des produits primaires, avec lesquels elle doit importer tous les produits manufacturés nécessaires à la satisfaction de ses besoins, principalement de consommation de luxe, l'industrie lui est interdite. La bourgeoisie nationale et le prolétariat se disputent la direction du mouvement de libération nationale, c'est-à-dire la direction de la révolte paysanne.

Dans l'ensemble cette première phase s'est terminée par la victoire du mouvement de libération nationale sous direction bourgeoise. Cette victoire a imposé à l'impérialisme une révision des termes de la division du travail, permettant ainsi l'amorce de l'industrialisation du Tiers monde. Cette victoire peut être datée : elle est plus précoce ici, notamment par exemple au Mexique, avec la révolution des années dix, en Turquie avec Kemal Ataturk, en Égypte avec le Wafd, au Brésil et en Argentine sous la forme « populiste », plus tardive là, en Asie du Sud après la Seconde guerre mondiale, en Afrique avec l'indépendance des années soixante, etc. Sauf en Asie orientale et à Cuba, où le mouvement de libération nationale opère à ce stade une sortie du système impérialiste mondial, partout ailleurs la bourgeoisie nationale triomphante s'engage dans une stratégie d'industrialisation qui, maintenant, a un nom : la stratégie de substitution d'importations.

12. Parce que l'articulation spécifique, qui s'exprime par la liaison secteur exportateur/consommation « de luxe », caractérise le modèle périphérique, l'industrialisation par substitution d'importations va commencer par la « fin », c'est-à-dire par les produits correspondant aux stades les plus avancés du développement du centre, les biens « durables ». Ces produits sont hautement consommateurs de capitaux et de ressources rares (main d'œuvre qualifiée, etc.). Il en résultera une *distorsion* essentielle dans le processus d'allocation des ressources en faveur de ces produits, au détriment de la production des biens de consommation de masse. Ce secteur sera systématiquement défavorisé : il ne suscitera aucune « demande » pour ses produits et n'attirera aucun moyen financier et humain permettant sa modernisation. On s'explique ainsi la stagnation de « l'agriculture de subsistance » dont les produits potentiels sont peu demandés et qui ne bénéficie d'aucun moyen de transformation sérieux dans l'allocation des ressources rares. Tout choix de « stratégie de développement » fondé sur la « rentabilité », les structures de la distribution du revenu, les structures de prix relatifs et celles de la demande étant ce qu'elles sont, conduit nécessairement à cette distorsion systématique.

Vu sous l'angle « social », ce modèle va conduire à un phénomène spécifique : la *marginalisation* des masses. Nous entendrons par là un ensemble de mécanismes d'appauvrissement des masses dont les formes sont d'ailleurs hétérogènes : prolétarisation, semi-prolétarisation et appauvrissement sans prolétarisation des paysans, urbanisation et accroissement massif de chômage urbain et du sous-emploi, etc. La *fonction* du chômage et du sous-emploi est donc ici différente de celle qu'elle remplit dans le modèle central : le poids du chômage assure une rémunération du travail minimale relativement rigide et bloquée tant dans le secteur d'exportation que dans le secteur de la production de luxe ; le salaire n'apparaît pas à la fois comme coût et comme revenu créateur d'une demande essentielle au modèle, mais au contraire seulement comme coût, la demande ayant son origine ailleurs : à l'extérieur ou dans le revenu des catégories sociales privilégiées.

L'origine « extravertie » du développement qui se perpétue malgré la diversification croissante de l'économie, son industrialisation, etc., n'est pas le *pêché originel*, un *deus ex machina* extérieur au modèle de l'accumulation périphérique dépendante. Car ce modèle est un modèle de *reproduction* de ses conditions *politiques* et économiques de fonctionnement. La marginalisation des masses est la condition même qui permet l'intégration de la minorité dans le système mondial, la garantie d'un revenu croissant pour cette minorité, qui conditionne l'adoption par celle-ci de modèles de consommation « européens ». Cette extension de ce modèle de consommation garantit la « rentabilité » du secteur de la production de luxe, affirme l'intégration sociale, culturelle, idéologique et politique des classes privilégiées.

13. A ce stade de diversification et d'approfondissement du sous-développement apparaissent des mécanismes nouveaux de la domination/dépendance. Des mécanismes culturels et politiques. Mais aussi des mécanismes économiques : la dépendance technologique et la domination des firmes transnationales. Le secteur de production de luxe appelle en effet des investissements « capital-intensive » que seules les grandes firmes oligopolistiques transnationales peuvent mettre en œuvre et qui sont le support matériel de la dépendance technologique. Mais à ce stade également apparaissent des formes plus complexes de la structure de la propriété et de la gestion économique. L'expérience historique montre qu'une participation du capital local privé et public — fût-elle subalterne — au processus d'industrialisation par substitution d'importations, est fréquente. Elle montre aussi que — au moins dans les grands pays — un marché suffisant créé par le développement des secteurs d'exportation et de la production de luxe peut rendre possible la création d'un secteur de production de biens d'équipement. Celui-ci est fréquemment impulsé par l'État. Le développement d'une industrie de base et d'un secteur public ne signifie néanmoins nullement que le système évolue vers une forme autocentrée achevée. Car ce secteur de l'équipement est ici au service non du développement de la consommation de masse, mais au service de la croissance de la production d'exportation et de la production de luxe.

14. Cette seconde phase de l'impérialisme ne constitue donc nullement une « étape » vers la constitution d'une économie autocentrée. Elle ne reproduit pas une phase antérieure du développement central, mais prolonge au contraire la première phase extravertie. En effet :

a — La « révolution agricole » n'a toujours pas eu lieu. Sans doute quelques nuances doivent-elles être introduites ici. La bourgeoisie nationale au pouvoir a souvent procédé à l'élimination des anciens alliés de l'impérialisme, et, entre autres, opéré des réformes agraires sur la base desquelles un développement du capitalisme dans l'agriculture a été parfois amorcé (la « révolution verte »). Ce développement pourra-t-il « effacer » le retard originel de l'agriculture et rapprocher le modèle périphérique du modèle central ? Cette question doit être tranchée non en « théorie », mais en « fait ». Or, on constate que le retard relatif de l'agriculture s'accentue au point de conduire à ce paradoxe que les pays du Tiers monde, dont la majorité de la population est rurale, sont devenus importateurs de produits alimentaires. La raison de cet échec n'est pas mystérieuse, elle est politique : à notre époque la bourgeoisie doit s'appuyer sur des classes capables de dominer les paysans, fussent-elles élargies (koulaks au lieu de grands propriétaires), elle ne peut s'appuyer sur la masse paysanne dont les intérêts sont en conflit avec les siens. Si la bourgeoisie centrale disposait du « temps nécessaire » pour une accumulation primitive lente, fondée sur l'alliance paysanne, celles de la périphérie sont placées sous la double contrainte de la pression extérieure des monopoles et de la menace intérieure du socialisme.

b — Les alliances de classes dominantes demeurent internationales : la bourgeoisie se substitue aux anciens « féodaux » et compradore comme allié subalterne de l'impérialisme. De ce fait la bourgeoisie perd, dès cette seconde phase, son caractère national antérieur : elle est « compradorisée ». L'État « national » qu'elle domine demeure de ce fait faible et médiocrement intégré.

c — La poursuite du procès de développement demeure dépendante des exportations qui restent fixées sur les matières premières. Ce moteur principal de financement des importations nécessaires d'équipement commande en dernier ressort les rythmes de la croissance, qui dans ce sens, reste extravertie.

15. La crise de cette seconde phase de l'impérialisme est ouverte par la revendication d'un « ordre économique international nouveau ».

Réduite à son squelette essentiel, cette revendication paraît être la suivante : imposer un relèvement réel des prix des matières premières exportées par les pays du Tiers monde pour disposer de moyens supplémentaires permettant, par l'importation des technologies avancées, de financer une nouvelle étape de l'industrialisation caractérisée par l'exportation massive vers les centres de produits manufacturés par celles des périphéries qui bénéficient des ressources naturelles favorables et d'une main-d'œuvre abondante à bon marché (d'où la revendication de l'accès aux marchés des pays développés pour ces produits industriels).

Cette revendication constitue depuis 1973, l'objectif commun apparent de l'ensemble des États du Tiers monde. Elle est présentée comme la condition nécessaire et suffisante pour achever l'indépendance politique en lui donnant sa base économique. Elle est présentée également comme une revendication possible commune à tous les États du Tiers monde indépendamment de leurs options sociales et de leurs sympathies internationales.

16. Cette situation nouvelle pose quelques questions essentielles sur lesquelles le débat le plus ouvert est nécessaire.

La première question est de savoir si la bourgeoisie locale — qui en général domine ces États — peut « lutter contre l'impérialisme » pour imposer son point de vue. Certains prétendent en effet que cette nouvelle division internationale du travail constituerait l'objectif stratégique de l'impérialisme lui-même, et que cette revendication serait de ce fait manipulée par les monopoles particulièrement nord-américains, qu'elle n'exprimerait pas un objectif propre des États du Tiers monde en conflit avec la stratégie de l'impérialisme. Ceux-ci accordent le plus souvent la prééminence aux conflits inter-impérialistes (États-Unis, Europe, Japon) par rapport à ce conflit apparent Nord-Sud. On sait qu'à propos du relèvement du prix du pétrole par l'O.P.E.P. en 1973, cette « théorie » a été abondamment formulée, tant dans les versions de droite que de gauche et même d'ultra-gauche. Les faits condamnent cette interprétation. En fait, celle-ci reflète seulement les vues naïves d'une ultra gauche qui, prenant ses désirs pour des réalités, voudrait que le bloc des bourgeoisies se présente sans fissures à l'échelle mondiale de manière à « simplifier » (sur le papier) les tâches du prolétariat qui seraient partout les mêmes, parce que celui-ci n'aurait pas à tenir compte des contradictions entre les bourgeoisies.

Déjà dans le passé la bourgeoisie des périphéries s'était heurtée à l'impérialisme. Le passage de la première à la seconde phase de l'impérialisme n'avait pas été « planifiée » par les monopoles : il avait été imposé par le mouvement de libération nationale lorsque la bourgeoisie des périphéries avait conquis, contre l'impérialisme, le droit à l'industrie. Mais, avons-nous dit, la stratégie d'industrialisation poursuivie au cours de cette seconde phase a transformé les rapports entre la bourgeoisie des périphéries et les monopoles. La bourgeoisie périphérique a cessé d'être nationale pour devenir l'allié subalterne de l'impérialisme en s'intégrant dans la nouvelle division du travail. Cet allié se rebelle aujourd'hui pour revendiquer de nouvelles modalités de la division du travail. Il n'en devient pas pour autant « national », puisque sa revendication se situe d'emblée au sein du système, mais il se rebelle quand même. Si cette rebellion devait aboutir, elle inaugurerait simplement une nouvelle phase de l'impérialisme caractérisée par une nouvelle division du travail. Car il n'y a pas de doutes qu'en « théorie », celle-ci est « absorbable », « récupérable ». Mais « en théorie » seulement, car ce qui compte dans l'histoire ce sont les accidents de parcours, et il peut y en avoir ici et là dans les périphéries et les centres — et de graves pour le capitalisme — au cours de la transition pleine de contradictions de la seconde à la troisième phase « théorique » de l'impérialisme.

17. La seconde question est de savoir si cette troisième phase éventuelle constituerait ou non une étape vers l'autonomie des périphéries. Les bourgeoisies du Tiers monde le prétendent, comme elles ont affirmé aux débuts de la seconde phase qu'il en serait ainsi de celle-ci. Or les faits ont démenti ces illusions, partagées à l'époque par une fraction importante de la gauche dans le Tiers monde.

Mon opinion est que la revendication en question, si elle aboutissait, ne constituerait en rien un nouvelle étape le long d'une ligne de développement conduisant progressivement à un épanouissement de formations capitalistes achevées, analogues à celles des centres développés. Encore une fois la vision d'un développement linéaire par étapes sera infailliblement démentie.

La raison, tout à fait fondamentale, en est que la nouvelle division du travail sera fondée sur l'exportation par la périphérie de produits manufacturés à bon marché, c'est-à-dire pour lesquels l'avantage des salaires inférieurs, compte tenu des productivités comparées, permet un relèvement du taux de profit à l'échelle du système mondial. La péréquation mondiale du profit modifierait alors les prix relatifs et, de ce fait, masquerait ce transfert supplémentaire de valeur de la périphérie vers le centre. Autrement dit la nouvelle division du travail perpétuerait et aggraverait l'échange inégal. Par ailleurs, cette division inégale du travail perpétuerait dans les périphéries la distorsion de la structure de la demande au détriment de la consommation des masses, tout comme dans les phases précédentes. Le développement du système mondial resterait donc fondamentalement inégal. Dès lors la demande externe resterait la force motrice principale impulsant ce type de développement toujours dépendant.

Doit-on ajouter que, dans ce cadre de la dépendance renovée, le retard de l'agriculture devrait aussi se perpétuer ? Sans doute quelques nuances doivent être introduites ici, car, malgré tout, le capitalisme poursuivrait sa progression dans l'agriculture, entamée dès la seconde phase de l'impérialisme, mais certainement à des rythmes très inférieurs à sa progression dans les secteurs traditionnels et nouveaux d'exportation comme dans celui de la production de luxe pour le marché interne, qui bénéficient d'une importation massive des technologies les plus avancées à l'échelle mondiale.

18. Dans ce cadre général on doit se demander quelle serait la signification réelle des slogans concernant le « développement autocentré » et l'« autonomie collective » qui accompagnent la revendication de cette nouvelle division internationale du travail.

Le premier de ces slogans serait en vérité vidé de tout son contenu. Il ne s'agirait en fait de rien de plus que de la justification idéologique de la prétention (impossible) qu'un développement « par étapes » progressives au sein du système mondial de la division (inégale) du travail devrait conduire à l'indépendance économique.

19. Le second slogan acquiert par contre un sens dans cette perspective, bien que particulier. Les premières phases de l'impérialisme n'impliquaient aucune « coopération » entre pays et régions de la périphérie. Exclusivement extraverties et limitées dans leur industrialisation à la satisfaction de leur marché interne, les économies périphériques n'avaient rien à échanger entre elles. En principe la troisième phase de la division inégale du travail n'appelle pas davantage de coopération positive entre pays du Tiers monde, sauf à mener ensemble la lutte pour le relèvement des prix de leurs exportations primaires (par l'association des producteurs), puisque en effet le second souffle d'industrialisation périphérique serait impulsé par l'exportation vers les centres. Il reste que les pays du Tiers monde sont des candidats fort inégaux pour tirer profit de cette nouvelle division du travail. Ceux qui sont mieux placés au plan de leur potentiel économique (ressources naturelles abondantes, prolétarisation plus avancée etc...) et de leur consistance politique (« légitimation » du pouvoir de la bourgeoisie locale, puissance militaire, etc.) pourraient aller plus vite dans la voie de la nouvelle dépendance s'ils disposaient également des marchés des pays moins développés et s'ils pouvaient avoir accès direct à leurs fournitures de matières premières et de produits alimentaires à bon marché. La problématique dite du « sous impérialisme » s'inscrit naturellement ici.

Un bon exemple illustrera cette vision de l'articulation du « Tiers » et du « Quart » monde dans la nouvelle perspective globale. Les pays du Golfe, l'Égypte et le Soudan constituent ensemble — si les conditions politiques étaient réunies, ce qui est loin d'être le cas aujourd'hui — un « bon candidat ». Le Golfe fournirait les capitaux, l'industrie d'exportation serait concentrée en Égypte, et le Soudan exporterait vers ce dernier pays des produits vivriers. Examinons de plus près le mécanisme de cette articulation. Même si l'agriculture soudanaise devait être « modernisée » pour fournir le surplus exportable nécessaire, la productivité de celle-ci, pour un très long temps encore, sera inférieure à celle des pays avancés. Or les produits alimentaires soudanais devront être compétitifs avec ceux de l'Amérique du Nord sur le marché égyptien, de manière à assurer les salaires les plus bas possibles en Egypte. Cela n'est possible que parce que le paysan soudanais serait surexploité, (rémunérations du travail plus inégales que la distribution des productivités). A son tour le prolétaire égyptien le serait, son salaire de misère joint à sa productivité relativement élevée, permettant l'exportation de son produit vers les centres. Un échange inégal double et articulé opérerait en faveur du centre ; le Soudan cesserait d'être dans la dépendance directe du centre pour devenir le partenaire de la périphérie de premier rang, où se concentre l'industrie exportatrice.

VI

20. Mais, si tel est le contenu de l'organisation de la nouvelle phase de l'impérialisme, la revendication triple d'autonomie nationale, d'autonomie collective et d'un nouvel ordre mondial ne peut-elle pas aussi avoir un sens tout à fait différent ? Viser d'autres objectifs ? Et à quelles conditions ?

Si l'axe de l'interprétation néo-impérialiste du programme en question est constitué par la nouvelle division internationale inégale du travail, à laquelle on soumet les stratégies internes comme les objectifs de la coopération intra Tiers monde, ce même programme prend un tout autre sens lorsque l'on fait la démarche inverse, c'est-à-dire lorsqu'on définit d'abord les objectifs internes d'un développement réellement autocentré et populaire et que l'on examine ensuite les directions dans lesquelles il faudrait agir sur l'ordre mondial de manière à favoriser la réalisation de ces objectifs.

Un développement véritable autocentré est nécessairement populaire car le développement extraverti, dans toutes les phases de l'évolution du système impérialiste, bénéficie effectivement aux classes dominantes privilégiées qui se constituent en alliance avec les monopoles. Inversement et complémentairement un développement populaire ne peut être que national et autocentré. Car, en effet, pour servir les grandes masses paysannes, l'industrialisation doit être d'abord mis au service de l'amélioration de la productivité rurale. De même que pour servir les masses populaires urbaines, il faut renoncer à la production de luxe pour le marché local et à l'exportation, qui sont fondées l'une et l'autre sur la reproduction d'une force de travail à bon marché. Examinons donc de plus près cette stratégie authentique à la fois d'indépendance nationale et de progrès social.

Jusqu'ici l'industrialisation du Tiers monde n'a pas été envisagée pour servir au progrès de l'agriculture. A l'inverse des pays du centre, où la « révolution agricole » a précédé la « révolution industrielle », les pays de la périphérie ont importé la seconde sans avoir amorcé la première étape. Les distorsions qui les caractérisent, et la dépendance renouvelée dans laquelle ils sont enfermés, viennent de là. Il faut donc d'abord renverser la vapeur. Jusqu'ici l'industrie dans le Tiers monde est parasitaire, au sens qu'elle nourrit son accumulation en ponctionnant le monde rural en termes réels (elle obtient sa main-d'œuvre à partir de l'exode rural) et financiers, (ponction fiscale, termes de l'échange internes défavorables aux paysans, etc.), sans contrepartie soutenant le décollage de l'agriculture. Comment changer de cap ? Il est clair que tous les critères de rentabilitité, qui sont nécessairement fondés sur la reproduction des structures de prix et de distribution du revenu, doivent être radicalement abandonnés pour être remplacés par d'autres critères fondamentaux d'allocation des ressources. Deux questions essentielles sont posées ici, que nous ne voudrions que signaler :

1) comment articuler un secteur « moderne » de l'industrie rénové dans ses orientations de base, au secteur des petites industries rurales qui permettent de mobiliser directement les forces latentes de progrès,

2) pourquoi la forme sociale qui s'impose ici est celle de la collectivisation rurale, même à un niveau faible de développement des forces productives, et non la forme de l'agriculture « privée » même remodelée par une réforme agraire radicale. C'est à ces conditions seulement que le progrès de l'agriculture — qui doit d'abord rattraper son retard historique — pourra financer une industrialisation saine, dégager un surplus vivrier capable d'assurer l'indépendance nationale.

De même l'industrie doit être mise au service des masses urbaines pauvres, cesser d'être guidée par les critères de « rentabilité » qui favorisent le marché local privilégié et l'exportation vers les centres développés.

Dans tous les cas l'industrie remodelée de la sorte ne peut trouver ses modèles technologiques tout prêts dans les pays développés. Elle ne peut davantage les trouver dans le passé technologique des centres, en empruntant ses techniques de production d'hier, comme le suggère le thème des « technologies intermédiaires ». La raison en est que le problème est ici différent, puisque l'industrialisation doit ici permettre la révolution agricole, alors qu'au centre elle s'est bâtie sur celle-ci. La question véritable n'est donc pas celle des conditions du « transfert de technologie », mais celle de la création des conditions favorables à une créativité dans ce domaine, non pour des motifs de « nationalisme culturel », mais pour des raisons objectives. De surcroît, il faut signaler ici un autre problème : les technologies empruntées véhiculent nécessairement les rapports de production capitalistes alors que le cadre social exigé par la révolution agraire et la mobilisation urbaine doit être socialiste. C'est là une question fondamentale, qui traduit le caractère nécessaire du socialisme dans la périphérie, condition indispensable du progrès et de l'indépendance, qui ne résulte donc pas d'une motivation idéologique ou morale qui pourrait être « libre ». Nous ne faisons que signaler cette question au passage, qui est la raison pour laquelle nous continuons à affirmer que le mouvement de libération nationale de la périphérie constitue principalement un moment de la transformation socialiste du monde et seulement à titre accessoire une phase du développement du capitalisme.

21. Un modèle de développement autocentré, s'il n'est pas synonyme en théorie d'autarcie, peut y conduire, qu'on le veuille ou non, pour des raisons politiques internes et externes évidentes. Cela peut être le cas, non seulement pour des pays vastes — comme les expériences de l'U.R.S.S. et de la Chine le montrent — même pour des petits pays (Corée, Vietnam, Cambodge, Cuba, Albanie...). Bien que l'autarcie en elle-même ne soit pas synonyme de développement autocentré (pensez à la Birmanie), elle peut en être la condition dans certaines circonstances historiques.

Mais l'autarcie imposée peut aussi, si elle est trop brutale ou totale, gêner le développement autocentré en lui imposant des coûts supplémentaires qui pourraient dans certains cas être fort lourds. Car il ne s'agit pas de rejeter toute théorie des avantages comparatifs ; il s'agit seulement de constater qui si la division internationale du travail est inégale, la thèse des avantages comparés perd sa validité. Un pays qui choisit la voie autocentrée et populaire peut se trouver dans une situation telle qu'importer certains inputs nécessaires à l'accélération de son développement, (notamment dans certains cas l'énergie, ou certaines matières premières, ou certains équipements) soit relativement moins coûteux que de s'en passer.

22. Pour répondre à ce type de problèmes les États libérés du Tiers monde pourraient agir collectivement dans deux directions.

La première est celle de l'entr'aide mutuelle. En effet, les pays du Tiers monde, riches en ressources naturelles le plus souvent exploitées au profit exclusif des pays développés, pourraient échanger entre eux les matières premières utiles à leurs projets nationaux de développement autonome. A l'heure actuelle, ces importations transitent presque toujours par les centres développés qui contrôlent les « marchés » des matières premières et centralisent les facilités de paiement. Par des accords d'entr'aide mutuelle (accords de commerce et accords de paiements multilatéraux) les pays libérés du Tiers monde pourraient court-circuiter ces intermédiaires. Par ailleurs, les échanges en matière de technologie pourraient accélérer la mise en œuvre de techniques de production appropriées, les problèmes que les pays du Tiers monde ont à résoudre étant souvent analogues. On voit que ce type de coopération intra Tiers monde est très différent de celui envisagé dans le cadre néo-impérialiste. Il ne s'agit plus de « marchés communs » qui ne peuvent que reproduire et aggraver les inégalités de développement. Nous avons proposé les lignes générales d'un « accord global » (« package deal ») qui s'inscrit dans cet esprit d'une coopération au service d'un développement national autonome.

23. La seconde direction d'action collective vise à modifier la division internationale du travail entre pays développés et pays du Tiers monde dans le sens d'une réduction de l'inégalité, et non plus d'une « rénovation » sans réduction de l'inégalité. Déjà, à l'heure actuelle, un bon nombre de pays du Tiers monde sont acquis à l'idée d'opposer au véritable monopole des « consommateurs » des associations de producteurs de matières premières, et de renforcer ces associations par l'établissement de fonds de soutien collectif. Une stratégie de développement autocentrée implique davantage. Elle exige en effet, et à titre préliminaire, le contrôle national (étatique) de l'exploitation des ressources naturelles. Nous entendons par là non pas seulement la nationalisation formelle de cette exploitation, mais *aussi* et *surtout* la régulation du flux d'exportation, et sa *réduction* au niveau des importations exigées par la stratégie interne de développement autocentré. Car à l'heure actuelle la stratégie extravertie est fondée sur une relation exactement inverse : les exportations sont d'abord poussées au maximum, exclusivement en fonction de la « demande » (des centres), et ensuite on se pose la question de savoir comment utiliser les recettes de ces exportations. La division internationale inégale du travail repose sur cette stratégie. La réduction de l'inégalité dans la division du travail implique très certainement la réduction des flux des exportations de matières premières. L'incroyable résistance du monde développé à cette réduction démontre que le centre, contrairement à tant de discours trompeurs, ne peut pas se passer du pillage du Tiers monde. Si ce pillage devait cesser, les centres seraient contraints de modifier leurs structures en conséquence, pour s'adapter à une nouvelle division internationale du travail moins inégale. Alors, et alors seulement, on pourrait commencer à parler d'un véritable nouvel ordre mondial, et non plus seulement des termes nouveaux de la division internationale inégale du travail.

24. Ces deux lignes générales — celle d'un nouvel ordre impérialiste et celle d'un ordre qui amorcerait réellement un progrès dans la libération des peuples du Tiers monde — ne constituent pas deux thèmes verbaux, deux branches possibles d'une alternative théorique. Elles se heurtent déjà dans les faits, et font l'objet de conflits quotidiens.

La raison en est avant tout le caractère contradictoire du mouvement de libération nationale. Celui-ci est à la fois l'expression du développement du capitalisme et celui de sa crise. Les tendances du capitalisme et celles du socialisme se heurtent donc constamment au sein même de ce mouvement, précisément parce que les forces du capitalisme sont toujours ici celles d'un capitalisme faible, périphérique, dépendant, qui objectivement ne peut pas réaliser les objectifs d'un capitalisme achevé. Ces forces se heurtent au sein de tous les régimes du Tiers monde. Dans ceux de ces pays qui ont rompu avec le capitalisme, on sait bien que ces tendances bourgeoises persistent. Mais inversement les États capitalistes du Tiers monde ne présentent pas ce caractère accompli et unilatéral des États capitalistes centraux. D'où la volatilité de leurs régimes et la gamme nuancée des situations, allant de celle du néocolonialisme triomphant à celle du nationalisme en conflit avec l'impérialisme, en passant par celle des néocolonialismes honteux ou en crise.

Car le conflit avec l'impérialisme est bel et bien ouvert. Les thèmes du nouvel ordre international ont été jusqu'ici intégralement repoussés, comme l'échec de la IVe C.N.U.C.E.D. et de la négociation Nord-Sud en témoigne. Au plan idéologique même, le Club de Rome s'efforce d'opposer à ces thèmes une construction de substitution. C'est que les thèmes du nouvel ordre véhiculent l'aspiration au contrôle des ressources naturelles et au renforcement des États nationaux, que l'impérialisme n'admet pas. C'est pourquoi il voudrait lui substituer le « projet Rio » (en anglais Reshaping of the International Order, soit remodelage de l'ordre international !), qui constitue une formulation idéologique des exigences du transfert de certaines industries des centres vers les périphéries sous la houlette des multinationales.

En théorie la nouvelle division inégale du travail arrangerait tout le monde, les bourgeoisies de la périphérie et les monopoles des centres. Car le transfert des industries permettrait de recréer au centre une armée de réserve de chômage qu'un quart de siècle de croissance a réduit au point de faire perdre au système sa flexibilité « normale ». Et ce chômage permettrait de relever le taux de la plus-value au centre même. A plus long terme le centre développerait les nouvelles activités de contrôle d'ensemble du système — le « quarternaire » (*solft ware,* activités de recherche et développement, etc.), les industries motrices nouvelles, le secteur militaire — renouvelant et approfondissant de la sorte les conditions de l'hégémonie social-démocrate au centre.

Mais dans le long terme, nous sommes tous morts, comme on sait. Aujourd'hui les résistances au transfert des industries l'emportent encore largement. Or ces refus acculent les bourgeoisies du Tiers monde qui, partenaires faibles, devraient supporter tout le poids de la crise. Il devient alors impossible d'atténuer les contradictions sociales violentes dans le Tiers monde : le déficit vivrier s'accroît, l'implantation des industries d'exportation est remise sine die etc. —. De ce fait les conditions politiques peuvent évoluer dans un sens favorable à l'amorce d'un développement autocentré. Telle est la réalité : la lutte du Tiers monde contre l'hégémonie impérialiste dominante. Pour beaucoup de raisons cette lutte est aujourd'hui encore la force principale de transformation du monde.

Annexe

TROIS FAMILLES DE SCÉNARIOS POUR L'AFRIQUE

Première famille : Projection des tendances observées dans la période précédente (1950-1975).

Cette première famille de scénarios peut relever, au moins pour certains pays, d'une dérive et de l'affaiblissement de leur capacité d'élaborer une politique de développement national, mais elle peut aussi relever d'un dessein politique comportant même un élément populiste.

Un exercice de projection à l'échelle continentale des taux observés pendant la période 1950-1975 démontrerait que ce scénario est « explosif ». Par ailleurs, ce scénario impliquerait également la poursuite en Occident du modèle de croissance et de développement de l'après-guerre, qui déterminait celui du développement dépendant du Tiers monde. Or, on peut se poser des questions sur la possibilité d'une poursuite indéfinie de ce modèle. Par ailleurs, les idées de transformations structurelles du modèle de croissance envisagées en Occident même, devraient être examinées du point de vue des conséquences que ces transformations comporteraient pour les modèles de la périphérie.

Néanmoins, quand bien même la poursuite de ces tendances à l'échelle continentale s'avèrerait d'une probabilité douteuse et d'un caractère négatif dans ses résultats, on se posera la question de savoir si la poursuite d'une stratégie de développement inspirée par les mêmes principes de la spécialisation internationale, mais modelée en fonction des transformations en Occident comme des ajustements internes nécessaires, ne pourrait pas être volontairement poursuivie par certains pays africains. On pense notamment à ceux qui disposent de moyens financiers importants annulant le goulot d'étranglement de la balance extérieure au moins pour les décennies à venir (comme les pays pétroliers ou les pays miniers riches) ou à ceux qui ne semblent pas avoir épuisé les possibilités d'un développement fondé sur la spécialisation internationale agricole et l'industrialisation de substitution d'importation. On s'attachera à examiner si, dans ces pays et pour ces cas, des éléments d'une politique de « self-reliance » ne pourraient pas être poursuivis parallèlement à la stratégie globale définie par le scénario.

2e famille : Scénarios fondés sur une nouvelle division internationale du travail inégale

Dans cette famille de scénarios, la stratégie globale du développement à l'échelle mondiale serait fondée sur le transfert vers les périphéries de certaines industries actuellement concentrées dans les centres du système. L'industrialisation motrice de développement de la périphérie serait donc une industrialisation de sous-traitance et d'exportation vers le centre.

Le choix de cette stratégie pose une série de questions et plus particulièrement :

a — Quelles seraient les industries transférées à la périphérie du système et quels seraient les rapports entre ces industries et celles qui continueraient à être concentrées au centre (en termes d'échanges inter-sectoriels, de liaisons technologiques, financières, de structures de prix, et d'induction des croissances).

b — Dans la compétition entre les différentes régions du Tiers monde, quelles sont les chances de l'Afrique comparativement à l'Amérique Latine, à l'Asie et au Moyen-Orient ? Ces chances dépendent à la fois d'éléments économiques (ressources naturelles, main-d'œuvre relativement bon marché disponible, capacité de financement local des économies externes : infrastructure, dépenses sociales, etc.) et d'éléments non économiques.

c — A l'intérieur de l'Afrique, quelles sont les chances des différents pays ou groupes de pays et, plus particulièrement, quelle serait la signification de cette famille de scénarios pour : (1) le Maghreb, (2) l'Egypte et le Soudan (en liaison avec le Moyen Orient), (3) l'ensemble de l'Afrique australe (Afrique du Sud incluse), (4) le Nigeria, (5) les pays du Sahel.

On examinera également différentes variantes dans cette deuxième famille et les éléments dont ces variantes pourraient dépendre :

1. Les forces externes, comme par exemple dans les hypothèses soit du rétablissement d'une hégémonie américaine sur l'ensemble du système occidental, soit au contraire, de l'accusation par l'Europe d'une autonomie relative plus grande et de la construction sur cette base d'une « Eurafrique ». De même on examinera différentes hypothèses concernant le degré éventuel de pénétrations extérieures au monde occidental en Afrique.

2. Les forces internes, et notamment les modalités diverses d'association ou de confrontation entre le secteur privé national et le secteur public, les modalités différentes qui dépendent du degré d'affirmation de « micro-nationalismes » à l'échelle des États actuels, ou au contraire, d'une affirmation plus marquée de la coopération intra-africaine.

On examinera aussi, dans le cadre de cette famille de scénarios, et pour chacune de leurs variantes :

a — Le degré de conflit entre la maximation de la croissance, une meilleure distribution du revenu et la satisfaction des besoins minimaux.

b — L'évolution des écarts entre les différents pays africains : la réduction ou au contraire l'accusation plus nette de ceux-ci.

On examinera également les possibilités d'un chevauchement entre les scénarios du premier type et ceux du second type, particulièrement dans les hypothèses où l'adoption d'une stratégie mixte fondée en partie sur la spécialisation internationale classique (matières premières) et en partie sur la tentative de recherche des marchés extérieurs pour des exportations industrielles sera accompagnée d'une volonté délibérée de développer une capacité de décision autonome, particulièrement envers les transnationales.

On examinera particulièrement également la « fiabilité » des scénarios de la deuxième famille, même tempérés par des éléments de la première famille au plan des exigences de disciplines collectives qu'elles imposent (notamment dans le domaine de l'éducation et de l'aministration publique).

On examinera enfin les séquences historiques d'un glissement progressif et par étapes qui pourrait conduire de la situation actuelle à un scénario de la deuxième famille plus affirmé.

3e famille : Un modèle de développement fondé prioritairement sur l'affirmation d'un développement national autocentré et l'ajustement des relations extérieures aux existences de ce développement

Cette famille de scénarios volontaristes mettra l'accent sur le sens de la priorité à donner au développement autocentré, particulièrement dans les relations agriculture-industrie. Que signifie la mise de l'industrie au service du développement agricole pour une phase de transition longue dans les conditions concrètes et spécifiques des différentes régions africaines ? Ces régions sont caractérisées par leur variété extrême tant au niveau du potentiel agricole et des formes techniques et sociales exigées pour son développement qu'au plan du potentiel du développement industriel lui-même.

On examinera également les problèmes de la coopération intra-africaine et afro-arabe dans le cadre de ce modèle.

On cherchera à expliciter les types de coopération qui permettraient de renforcer le développement national autocentré par un élargissement de sa base géographique.

On examinera également les modifications nécessaires et souhaitables dans les structures industrielles du monde développé susceptibles soit d'alléger les contraintes pesant sur le périphérie, soit même de s'adapter à l'accélération du développement dans le Tiers monde.

Bien que cette famille de scénarios soit, comme nous l'avons dit, volontariste, on s'attachera à expliciter les modalités de séquences historiques assurant la transition d'une action encore mal définie de type 1 ou 2 vers cette stratégie, et en particulier dans les domaines suivants :

1. Le contrôle des ressources naturelles, entendu non exclusivement au plan juridique (nationalisations) mais également au plan économique (régulation des flux d'exploitation de ces richesses en fonction des besoins propres du développement, capacité de développer des technologies autonomes ou tout au moins d'absorber et de maîtriser les technologies importées, etc.).

2. Le développement concurrent de l'affirmation nationale et d'affirmations tant pan-africaine que pan-arabe.

3. Les politiques particulières possibles comme stratégies de transition mettant l'accent sur l'auto-suffisance nationale, au plan alimentaire et à celui de l'énergie.

4. Les possibilités d'une nouvelle division internationale du travail situées dans la famille 2, mais néanmoins aussi « peu inégale que possible », particulièrement par le développement des relations privilégiées entre une Europe prenant quelque distance à l'égard de l'Amérique du Nord, le monde arabe et l'Afrique.

2

L'évolution des pays développés et les perspectives industrielles des pays du Tiers monde

par *Daniel Malkin*

Introduction

Les formes que va prendre la division internationale du travail vont dépendre à la fois de la façon dont les pays développés vont tenter de résoudre — individuellement et dans leur ensemble — leurs problèmes de croissance, et des objectifs de développement des pays du Tiers monde, ainsi que des stratégies qu'ils pourront mettre en œuvre.

L'objet de ce texte est l'examen de ces formes possibles de division internationale du travail, essentiellement dans le domaine de l'industrie et du point de vue des pays développés. Cet examen sera effectué à partir d'une double perspective dont on tentera, en conclusion, de faire la synthèse.

La première perspective est celle des stratégies des pays développés (nous considérons principalement les pays les plus industrialisés de l'O.C.D.E.). Ce sont ces pays qui ont façonné la division internationale du travail depuis la période coloniale jusqu'à la période actuelle au travers de l'échange, de l'investissement et de l'internationalisation du capital productif. L'évolution de la division internationale du travail ne peut donc se comprendre que référée à celle des économies développées et à la transformation de leur système productif en termes de structure, notamment aux niveaux des firmes et des secteurs. Ceci est d'autant plus vrai que ces économies connaissent depuis le début des années 1970 une crise aggravée par la crise pétrolière et dont la solution (ou les recherches de solutions) ne peut pas ne pas avoir d'effets sur la répartition mondiale des activités industrielles. Pour tenter de saisir ces effets, il est important de garder à l'esprit que cette crise atteint les pays développés non seulement en tant que groupe d'économies interdépendantes : elle les atteint également individuellement et donc différentiellement suivant la nature de leur système productif dans sa cohérence interne et dans les relations qu'il entretient avec l'extérieur ; elle touche et destabilise le système de relations que ces économies entretiennent les unes avec les autres. Le redéploiement international des activités industrielles que chercheront à promouvoir les pays développés à travers les stratégies de leurs firmes, les politiques d'ajustement structurel, les politiques douanières, la transformation des institutions internationales devront sans doute tenir compte de ces trois aspects de la crise.

Ainsi, la première question à laquelle il nous semble important d'apporter des éléments de clarification sinon de réponse est la suivante :

> — *Compte tenu des diverses formes de division internationale du travail qui se sont historiquement manifestées (et qui, à l'heure actuelle, coexistent et se superposent), quelles sont les formes nouvelles que les pays développés peuvent chercher à promouvoir dans le cadre d'une croissance restaurée ? De quelles manières ces formes remettent-elles en question la répartition de la production et des échanges non seulement entre les pays industrialisés et ceux qui ne le sont pas, mais également entre les pays industrialisés eux-mêmes ?*

La seconde perspective est celle des stratégies (diverses) des pays en voie de développement, non pas en tant que telles, mais en tant qu'elles peuvent s'opposer aux stratégies poursuivies par les pays développés, ou, dans certains cas, leur être complémentaires. Il ne s'agit pas pour nous, ici, de porter un quelconque jugement de valeur sur telle ou telle option en matière de développement affichée par les pays du Tiers monde et qui se traduit de facto par des choix et des formes d'allocation des ressources au plan interne aussi bien que par certaines formes actives ou passives dans la division internationale du travail. Il s'agit plutôt dans le cadre de ce papier d'apporter des éléments de clarification sinon de réponse à une seconde question :

— *Quels sont les problèmes spécifiques que posent aux pays développés les différentes stratégies de développement et plus particulièrement d'industrialisation affichées ou mises en œuvre dans divers pays du Tiers monde ? Peut-on dégager (à moyen et long terme), d'une part les possibilités de coopération débouchant sur des avantages mutuels, de l'autre, des confrontations quasi inévitables* (1) *?*

La double perspective que nous envisageons se réfère à des stratégies concrètes des pays développés et en développement. Ces stratégies ne peuvent se comprendre que par référence aux formes diverses qu'a pu prendre la division internationale du travail ainsi qu'aux diverses remises en question qui se manifestent au cours de la période actuelle. Le plan que nous proposons est alors le suivant :

1. Les formes de la division internationale du travail dans l'ancien ordre économique international.
2. Les remises en question de la D.I.T.
3. Quelle nouvelle D.I.T. pour les pays développés ?
4. Quelles nouvelles D.I.T. pour les pays du Tiers monde ? Incidences sur les pays développés.
5. Conclusion.

(1) Notons que le fait de se défendre de porter un jugement de valeur sur les stratégies de développement affichées ne doit pas conduire à ignorer la réalité des structures économiques et sociales des pays qui cherchent à les mettre en œuvre. L'évolution de ces structures peut conduire à la remise en cause, au dévoiement voire à l'abandon de stratégies prédéfinies.

Les formes de la division internationale du travail dans l'ancien ordre économique international

Il ne saurait être question, dans le cadre de ce papier, de passer en revue les différents travaux de nature théorique ou empirique consacrés à l'évolution de la division internationale du travail qu'il s'agisse de ses fondements ou de ses mécanismes. Nous nous contenterons d'évoquer les différentes phases de l'internationalisation du capital qui se sont superposées les unes aux autres plutôt qu'elles ne se sont succédées pour tenter de mettre en évidence les formes concrètes de division internationale du travail entre centre et périphérie d'une part, et entre pays du centre d'autre part, que cette évolution de l'internationalisation a engendrées.

L'internationalisation du capital — et sa traduction concrète en termes de division internationale du travail — reflète à la fois l'intégration progressive de pays caractérisés par des modes de production précapitalistes dans le marché mondial (capitaliste) et la transformation de la structure hiérarchique des systèmes productifs au sein de l'ensemble des pays développés (capitalistes). Elle peut être ainsi analysée comme une réponse (au niveau d'un espace élargi) dans les sphères de la circulation et de la production des contraintes que rencontrent les pays développés dans leur procès interne d'accumulation du capital.

Ainsi, les trois phases de l'internationalisation du capital que l'on distingue couramment — à savoir internationalisation du capital commercial, du capital argent et du capital productif — renvoient à des problèmes distincts de l'accumulation dans les pays du centre ainsi qu'à des processus différenciés d'intégration de la périphérie dans l'économie mondiale capitaliste au niveau des échanges et de la production. Il convient, ici encore, de souligner que ces trois phases ne se sont pas à proprement parler succédées dans le temps mais qu'elles se sont en quelque sorte superposées.

La première phase ou « strate » trouve son origine dans ce que l'on a pu appeler la période d'accumulation extensive des pays développés. Cette accumulation s'est basée au plan interne sur l'intégration au mode de production capitaliste d'une main-d'œuvre issue de secteurs non capitalistes, et au plan externe sur une première exploitation — spécialisation de la périsphère coloniale en termes de matières premières essentiellement issues de l'agriculture, destinées soit à la reproduction de la force du travail (matières premières alimentaires), soit à l'industrie manufacturière naissante (textile).

La deuxième phase se caractérise par l'investissement en capital argent dans la périphérie, essentiellement du capital anglais qui s'investit dans ses colonies ou anciennes colonies (États-Unis, Canada, Australie) mais également dans les pays d'Amérique Latine. La lenteur de l'intégration du prolétariat des pays centraux dans le mode de vie capitaliste, les crises cycliques d'articulation des secteurs des biens de production et de consommation ont comme corollaire l'extension géographique de l'aire d'accumulation appuyée sur des bourgeoisies nationales de certains pays périphériques.

La troisième phase est celle qui, au centre, correspond à la fois au processus d'accumulation intensif (progrès technologiques rapides, développement de la plus-value relative) avec les contraintes qu'il impose au niveau de l'offre de travail et de valorisation d'un capital suraccumulé dans les pays du centre. L'internationalisation du capital productif, l'extension de son aire géographique de valorisation viennent partiellement lever ces contraintes. Les mécanismes de l'échange inégal qui s'étendent des biens alimentaires aux produits manufacturés permettent de désamorcer les crises liées à la répartition dans les pays du centre alors qu'au niveau mondial, les mécanismes de valorisation internationale permettent de repousser les échéances des crises de suraccumulation.

Cette brève analyse des différentes phases de l'internationalisation du capital, malgré son caractère excessivement réducteur, nous permet de décrire les formes concrètes de division internationale du travail qui se sont développées entre centre et périphérie d'une part, entre pays du centre d'autre part.

Entre centre et périphérie, la spécialisation du Tiers monde dans le domaine des matières premières au niveau de la production et des échanges continue de caractériser la division internationale du travail. En ce sens, le schéma colonial qui assigne aux pays en voie de développement le rôle de fournisseur de matières premières agricoles et minières (valeurs d'usage nécessaires au développement capitaliste) est loin d'être dépassé pour le Tiers monde pris dans son ensemble. Quelques chiffres illustrent la permanence sinon l'accélération de ce processus d'exploitation des matières premières au niveau de la production comme à celui des échanges.

Paul Bairoch a pu calculer que, de 1913 à 1948, la croissance de l'industrie extractive (combustibles plus minerais) a été de 5,5 % par an, ce qui est extrêmement élevé compte tenu du fait que la période considérée englobe la dépression des années 1930. De 1948 à 1965, les taux annuels de croissance dans le secteur extractif ont été de l'ordre de 9 % (2). En ce qui concerne les échanges, l'importance des produits primaires n'a pas décru de façon significative malgré la croissance de l'industrialisation d'exportation dans un certain nombre de pays en voie de développement.

Part des produits primaires dans les exportations des pays en voie de développement, 1953-1975

Année	
1953	87,3
1958	87,7
1965	82,4
1971	74,8
1973	73,1
1975	81,1

Source : Paul BAIROCH, *op. cit.*, pour les années 1953-1965. G.A.T.T., Le Commerce International 1974-1976.

La seconde phase de l'internationalisation du capital, telle qu'elle a été impulsée par les pays du centre prenant appui sur les bourgeoisies nationales naissantes (sur une

(2) Paul BAIROCH, *Diagnostic de l'évolution économique du Tiers-Monde, 1900-1966*, Gauthier-Villars, Paris, 1967.

longue période), s'est engagée sur deux voies. La première a été la continuation et l'élargissement de l'exploitation minière facilités par le financement d'une infrastructure (notamment dans le domaine des transports) permettant cette exploitation sur une grande échelle. La libéralisation quasi totale des échanges pour les matières premières, la réduction des préférences coloniales après la seconde guerre mondiale et les décolonisations successives, le rôle actif de la Banque Mondiale dans le financement des infrastructures liées à l'exploitation des ressources minérales expliquent, dans une large mesure, la part prépondérante des industries extractives (et pétrolières), jusqu'à une période récente dans les investissements directs des pays développés (essentiellement les U.S.A.) dans le Tiers monde. La seconde voie est celle qui a été portée par la vague des politiques de substitution à l'importation mises en œuvre dans un certain nombre de pays. Très rapidement, ces politiques ont permis un développement des investissements directs des firmes multinationales dans un certain nombre de secteurs manufacturiers orientés du fait des très grandes disparités de revenus vers la satisfaction de la demande des couches sociales disposant des revenus les plus élevés et dont le modèle de consommation est le plus proche de celui des pays du centre. De tels investissements présentaient l'avantage d'amorcer un flux de biens d'équipement des pays développés vers certains pays de la périphérie, ce qui, dans certains cas, a constitué un frein important dans le développement local d'une industrie de biens de production. Les limites inhérentes au modèle d'industrialisation par substitution aux importations sont suffisamment connues pour que l'on n'y revienne pas ici. Il suffit simplement de souligner la nature de la spécialisation internationale qu'implique ce modèle et les difficultés que peuvent rencontrer les pays qui, s'y étant engagés, cherchent à le dépasser. Nous reviendrons sur ce point dans les parties consacrées à la remise en question de l'ancienne division internationale du travail (II) et aux formes nouvelles que cherchent à promouvoir certains pays en développement (IV).

La phase la plus récente de l'internationalisation du capital est celle qui a vu, sous l'égide des firmes multinationales, ce que l'on a pu appeler (C.A. Michalet) le système de l'économie mondiale. Ce qui est nouveau ici n'est pas tant l'expansion des firmes multinationales, phénomène ancien qui accompagnait déjà les phases d'internationalisation précédemment évoquées ; c'est surtout la forme donnée à l'internationalisation du capital productif par l'intégration des systèmes productifs périphériques à l'économie mondiale capitaliste au niveau du commerce international comme à celui de la production. Cette intégration progressive à laquelle semblent adhérer certaines économies en voie de développement alors que d'autres y sont contraintes, se traduit essentiellement par une segmentation verticale des processus de production qui conduit l'industrialisation du Tiers monde vers une dépendance marquée par rapport au marché mondial et, singulièrement, par rapport au marché des pays développés capitalistes. Le développement extrêmement rapide de la sous-traitance internationale mise en œuvre par les États-Unis puis le Japon, suivis d'autres pays industrialisés est la forme la plus significative de cette intégration qui tend à spécialiser les pays développés dans la production et l'exportation de biens de production et les pays en voie de développement dans la production et l'exportation de biens finaux et de composants ou pièces détachées caractérisées par l'importance du facteur main-d'œuvre dans les coûts de production. Mais cette forme, pour être la plus visible et la plus manifeste, n'est pas la seule : ce n'est pas seulement au niveau de la spécialisation internationale que peuvent être appréhendés les effets de la division internationale du travail. Certains pays qui, en effet, cherchent à se soustraire à une industrialisation d'exportation par trop dépendante des marchés de consommation finale des pays développés en s'engageant dans le développement d'industries de biens d'équipements ou intermédiaires destinés principalement au marché local se trouvent confrontés à des contraintes d'ordre technologique ou liés à des problèmes de réalisation sur le marché mondial d'une partie de leur production dont l'écoulement dans leur propre économie peut se trouver bloqué par des déséquilibres sectoriels qui ne peuvent être surmontés que sur une longue période.

Si les formes concrètes de division internationale du travail entre centre et périphérie peuvent être relativement clairement identifiées au niveau des spécialisations, au niveau de l'échange international ainsi qu'à celui des transformations des systèmes productifs des pays en voie de développement, il n'en va pas toujours de même pour la division du travail entre pays du centre. Les raisons en sont d'ailleurs évidentes. Tout d'abord, au niveau des échanges, les mécanismes de spécialisation entre pays développés sont manifestement différents de ceux qui existent entre pays développés et en développement. La spécialisation est en effet, pour des régions qui ont atteint des niveaux d'industrialisation comparables, un phénomène intra-branche, et l'exportation n'y est souvent conçue que comme l'extension internationale de la production destinée à la satisfaction des besoins internes. D'autre part, à l'intérieur du monde développé, la relative homogénéisation des techniques, des modes de production, rend plus difficile, si l'on s'en tient à la sphère de l'économie, la compréhension des mécanismes de dépendance et de dynamique différenciée des systèmes productifs. Restant dans le cadre d'une analyse empirique, force est cependant de constater qu'au-delà de l'apparente homogénéité des pays développés, de leur interdépendance au niveau intra-sectoriel, se cache en fait une certaine hiérarchie des systèmes productifs qui se manifeste par une division du travail interne aux pays développés. Cette hiérarchie et cette division apparaissent le plus clairement au niveau des secteurs qui sont à la source des transformations des rapports d'accumulation, à savoir les secteurs des biens de production, ou, plus exactement, des secteurs des biens de production pour les biens de production. La domination technique et économique de ces secteurs permet de déterminer les conditions de l'évolution de la productivité dans les autres secteurs de l'économie et donc, d'une façon plus générale, les rapports d'accumulation. Les secteurs qui couvrent en particulier les machines-outils, les automatismes, les systèmes électroniques sont, à l'heure actuelle, dominés par les États-Unis, la République Fédérale d'Allemagne et le Japon, il appartient ainsi, au sein des pays développés, une division du travail qui reflète en quelque sorte une hiérarchie sectorielle. Pour les pays les plus avancés, l'espace de valorisation des biens de production se situant au niveau le plus élevé de la hiérarchie a dépassé l'espace national pour atteindre le reste du monde industrialisé, ainsi que les pays en voie de développement. Les autres pays qui ne disposent pas d'une maîtrise aussi poussée dans ces secteurs sont donc moins en mesure de maîtriser entièrement leurs propres rapports d'accumulation et sont aussi conduits à s'engager dans des spécialisations plus dépendantes. Comme nous le verrons, cette hiérarchisation au sein des pays développés n'est pas sans incidence sur des divergences de vue quant aux formes d'industrialisation du Tiers monde qui sont susceptibles de se mettre en place.

Les remises en cause de l'ancienne division internationale du travail

L'ordre économique international progressivement mis en place au lendemain de la deuxième guerre mondiale a permis, sans crise majeure jusqu'au début des années 1970, une expansion sans précédent des économies développées, une croissance très rapide du commerce international ainsi que le développement industriel d'un certain nombre de pays du Tiers monde, notamment de ceux qui avaient axé leur industrialisation sur la croissance de la demande des pays développés ou ceux qui, grâce à leurs ressources naturelles, à la taille de leur économie ou à la transformation interne des rapports sociaux, avaient pu s'engager dans un processus d'accumulation interne.

Cette phase de croissance — certes différenciée —, de par les profondes transformations économiques sociales, voire politiques, qu'elle a suscité ou accompagné, a engendré un certain nombre de problèmes ou conflits qui contribuent à remettre en cause sur plusieurs fronts les formes de la D.I.T. mises en place durant le quart de siècle qui a suivi la seconde guerre mondiale. Les principaux phénomènes auxquels nous tenterons de rapporter ces remises en question de la division internationale du travail sont : 1. les aspects structurels de la crise traversée par les pays développés dans leur ensemble ; 2. l'évolution des rapports de force au sein des pays développés ; 3. les limites et les blocages auxquels se heurte le développement des pays du Tiers monde.

1. Les aspects structurels de la crise

L'expansion rapide qu'ont connu les pays développés à économie de marché a été marquée par un effort soutenu de formation de capital qu'explique en partie la nécessité pour chaque pays de maintenir ou renforcer sa position concurrentielle sur le marché international des produits industriels. La lutte pour maintenir des positions compétitives en période de croissance a conduit à des phénomènes de concentration, voire l'oligopolisation dans un certain nombre de branches. Cette concurrence oligopolistique et la modernisation des processus de production dans un certain nombre de secteurs sont sans doute à l'origine d'une suraccumulation du capital, source, sur moyenne période, de baisse de rentabilité du capital (hausse de la composition organique non compensée par des gains de productivité sur l'ensemble de l'économie) et de création de surcapacités. La crise énergétique est venue frapper de plein fouet des économies marquées par une tendance à la baisse des taux de profits et un endettement important des entreprises, contribuant par là même à l'accélération de l'inflation et du chômage, et, pour la plupart des pays, à l'aggravation du déficit des balances de paiements. Ainsi, au niveau de l'ensemble des pays développés, le problème majeur est celui de la recherche de nouvelles bases d'accumulation du capital, de l'élargissement géographique de l'aire de valorisation du capital qui, restaurant le taux de profit, puisse relancer la croissance et atténuer les problèmes de répartition qui se posent en leur sein. Certes, cette recherche se situe d'abord de façon interne aux pays développés : investissements dans des secteurs susceptibles de favoriser la croissance (télécommunications, énergie...), développements technologiques susceptibles d'accroître significativement la productivité. Mais elle conduit également, et c'est ce qui nous intéresse ici, à remettre en cause la division internationale du travail actuelle de par la nécessité évoquée plus haut d'élargir les bases géographiques d'accumulation et de valorisation du capital. Les firmes multinationales sont bien évidemment les secteurs privilégiés de cet élargissement, et ceci essentiellement dans deux directions. La première est celle du transfert, dans certains pays développés, d'activités dont le taux de profit dans les pays du centre est fortement obéré par les coûts de main-d'œuvre. La seconde est celle qui, dans les secteurs de base comme la sidérurgie ou la pétrochimie, associe à une dévalorisation dans les pays du centre une valorisation dans les pays de la périphérie. A ce titre, les participations des firmes multinationales dans le développement des industries de base de pays en voie de développement tels que le Brésil ou l'Iran, peuvent être interprétées comme le soutien à la formation d'une base d'accumulation élargie qui permet, par la constitution d'un marché plus vaste, de soutenir le secteur des biens d'équipement des pays développés.

En bref, la remise en question de la division internationale du travail par les pays développés *pris dans leur ensemble* correspond à une double nécessité : 1. restaurer les taux de profit en faisant jouer de façon plus poussée les mécanismes de l'échange inégal (3) essentiellement dans les industries de main-d'œuvre ; 2. élargir les bases géographiques d'accumulation en s'associant, dans certains pays du Tiers monde, au développement d'industries de base consommatrices de biens d'équipement qui, dans les pays du centre, se heurtent ou pourront se heurter à des contraintes de surcapacité.

2. *L'évolution des rapports entre pays développés*

Il est bien évident que cette analyse au niveau de l'ensemble des économies capitalistes développées reste abstraite du fait même qu'elle ignore les situations relatives de ces économies, d'une part, les unes par rapport aux autres, de l'autre, par rapport aux pays en voie de développement, qui seraient les plus concernés par la promotion des nouvelles formes de division internationale du travail les plus à même de contribuer à la résolution de la crise. Deux questions se posent ici : d'une part la cohésion du monde occidental dont l'évolution durant la période de croissance s'est accompagnée d'une transformation des rapports de force internes ; d'autre part les contraintes d'ordre économique ou socio-politique qui peuvent exister dans tel ou tel pays développé le conduisant à résister ou à s'opposer à la mise

(3) Au sens où les différences de taux de salaires sont plus importantes que les taux de productivité.

en place de ces nouvelles formes de division internationale du travail.

La première question, celle de la cohésion du monde occidental, renvoie à celle du maintien de la prééminence des États-Unis ou, au contraire, à l'évolution vers ce que l'on pourrait appeler un monde multipolaire dans lequel cette prééminence serait remplacée par un rapport de forces beaucoup plus équilibré entre les États-Unis, l'Europe et le Japon. Les points de tension majeurs entre ces trois blocs ressortissent à la technologie, aux parts de marchés, aux relations avec les pays en voie de développement et à la gestion du système monétaire. On peut penser (4) que, si le leadership américain était maintenu, c'est la voie de l'intégration des pays en voie de développement au sein du marché mondial par la promotion des industries d'exportation qui serait favorisée aux dépens de l'extension géographique de bases d'accumulation, cette dernière étant, de fait, liée d'une certaine manière à la concurrence oligopolistique des trois blocs dont aucun ne dominerait les autres.

La seconde question a trait aux contraintes d'ordre économique ou socio-politique existant dans certains pays développés et qui peuvent donner lieu à des résistances aux changements structurels nécessaires pour mettre en place une nouvelle division internationale du travail correspondant mieux aux intérêts de l'ensemble du monde occidental quelle que soit la nature des relations entre les blocs qui le composent (domination américaine ou multi-latéralisme). La hiérarchie des systèmes productifs au sein des pays développés, que nous avons évoquée plus haut, fait que ces pays sont loin de retirer les mêmes avantages d'une libéralisation des échanges avec les pays en voie de développement. De même, ils ne bénéficieront pas tous au même point d'une concurrence oligopolistique dans les secteurs en expansion. Ainsi, la mise en place de nouvelles formes de division internationale du travail peut-elle être fortement contrecarrée par certains pays qui en supporteraient le plus les effets néfastes. On peut même se poser la question de savoir jusqu'à quel point certaines tendances protectionnistes qui se manifestent peuvent conduire à une « régression » par

(4) C'est notamment la thèse développée dans l'étude du GRESI précédemment citée.

rapport à la division internationale existante qui pourrait, à terme, ralentir l'intégration des pays en voie de développement au marché mondial.

3. *La remise en cause par les pays en voie de développement*

La remise en cause des formes actuelles de la division internationale du travail industriel par les pays en voie de développement se manifeste à plusieurs niveaux mais peut se résumer en une question fondamentale : si l'industrialisation est une étape nécessaire dans le processus de développement, quelles sont les contraintes que rencontre actuellement le Tiers monde de par son insertion concrète dans la D.I.T. pour s'engager dans un processus de développement moins dépendant (en termes de marchés à l'exportation, de transferts de capitaux et de technologie) ?

Au cours des vingt dernières années, la croissance industrielle du Tiers monde dans son ensemble a été, tous secteurs confondus, relativement forte (tableau 2).

Tableau 2

Taux de croissance annuelle de la production industrielle des pays développés à économie de marché (P.D.E.M.), des pays en voie de développement P.V.D., en valeur ajoutée, 1958-1973

Régions	1958-1963	1963-1968	1968-1973
P.D.E.M.	6,8	6,6	5,9
P.V.D.	6,1	8,7	8,4

Cette croissance n'a cependant pas permis aux pays en voie de développement d'accroître significativement leur part dans la production industrielle mondiale qui est passée de 7,3 % en 1958 à 7,6 % en 1973 (quatre pays assurent d'ailleurs à eux seuls plus de la moitié de cette production : Brésil, Mexique, Argentine et Inde). Il convient en outre de souligner que cette part est encore nettement plus faible dans les secteurs des biens d'équipement qui contribuent le plus au processus d'accumulation du capital. Pour ces secteurs, la part des P.V.D. dans la production mondiale est passée de 2,8 % en 1963 à 3,2 % en 1970, une partie importante de cette augmentation étant d'ailleurs due au développement de la sous-traitance effectuée dans le secteur sous l'égide des firmes multinationales.

Une première critique fondamentale vis-à-vis des formes qu'a prises l'internationalisation de la production se situe donc au niveau de l'inadéquation de la répartition mondiale de l'industrie qui laisse une place trop faible au Tiers monde. La Déclaration de Lima qui revendique pour le Tiers monde 25 % de la production industrielle, sans préciser clairement les stratégies à mettre en œuvre pour parvenir à ce résultat, se situe dans cette perspective de répartition.

Un second ensemble de critiques a trait aux échanges. En premier lieu, comme on l'a rappelé plus haut, la part des matières premières dans l'ensemble des exportations du Tiers monde est énorme et, de surcroît, quasi stationnaire dans le temps. Cette situation traduit une spécialisation qui entrave les progrès de l'industrialisation, notamment du fait de la structure des tarifs douaniers pratiquement inexistants pour les ressources minérales et sensiblement plus élevés pour les produits manufacturés. Cette disparité sectorielle des tarifs est encore aggravée du fait que les droits de douane pour les produits manufacturés en provenance des pays en voie de développement sont supérieurs à ceux qui affectent les mêmes produits en provenance des pays industrialisés (tableaux 3 et 4) (5).

Par ailleurs, le système des préférences généralisées mis en place après 1964 pour promouvoir les exportations de produits manufacturés des pays en développement est encore loin d'avoir rempli ses promesses. On a pu en effet calculer (6) qu'en 1971 4 % seulement des exportations des

(5) Ces tableaux sont extraits de A. GRJEBINE, *La spécialisation internationale : coûts probables pour les pays industrialisés*, doc. ronéoté. Direction de la Prévision, Paris, 1976. Ce document a été publié sous une forme condensée dans la *Revue Tiers-Monde*, avril-juin 1977.

(6) T. MURRAY : « How Helpful is the GSP to developing countries », *Economic journal*, May-June 1973.

Tableau 3

Taux de protection pour quelques branches dans quelques pays développés (1973)

Pays	Minerais		Sidérurgie Métallurgie		Biens d'équipement		Textiles	
	tn (a)	te (a)	tn	te	tn	te	tn	te
U.S.A.	1,5	- 0,7	5,4	5,9	12,4	17,9	32,4	57,2
C.E.E. (b)	0,3	- 2,1-0,4	3,8	4,7-6	8,4	10,9-12,1	15,2	24,2-27,4
Japon	0,5	- 4,6	8,1	10,9	11,4	12	18,8	47,6

(a) Tn : taux nominal ; te : taux effectif.
(b) Les taux effectifs varient selon les pays de la C.E.E., les deux chiffres indiquant les taux le plus et le moins élevé.
Source : Agence Européenne d'Information, 1975.

Tableau 4

Comparaison des moyennes des taux de protection nominaux et effectifs appliqués par les pays développés sur l'ensemble de leurs importations de produits manufacturés (A) et sur les produits manufacturés en provenance des P.V.D. (B).

	Taux nominaux			Taux effectifs		
	A	B	A/B	A	B	A/B
Avant le Kennedy round	10,9	17,1	1,6	19,2	33,3	1,7
Après le Kennedy round	5,5	11,8	1,8	11,1	22,6	2,0

Source : O.N.U.D.I., 1974.

P.V.D. bénéficiaient du S.P.G. (960 millions de dollars). Par ailleurs, les multiples clauses de sauvegarde mises en place pour protéger les produits sensibles découragent l'investissement dans les industries d'exportation.

En deuxième lieu, il convient de souligner que si la part des pays en voie de développement dans les exportations mondiales de produits manufacturés s'est quelque peu accrue au cours des deux dernières décennies, la structure sectorielle et géographique de ces exportations n'a pas été de nature, sauf dans un nombre très limité de pays dont l'ensemble s'avère difficilement généralisable, à modifier les relations de dépendance du Tiers monde vis-à-vis des pays développés.

Tableau 5

Évolution de la part des P.V.D. dans les exportations mondiales de biens manufacturés (1963-1975)

	Métaux non ferreux %	Fer & Acier %	Produits chimiques %	Biens d'équipement %	Véhicules routiers %	Textiles et Vêt. %	Autres manuf. %	Total %
1963	29,9	1,9	4,15	1,14	0,04	15,23	6,91	5,60
1970	29,1	3,23	3,95	2,17	0,02	17,45	9,59	6,59
1974	27,5	3,45	5,8	4,19	0,07	22,8	10,7	7,94
1975								7,2

Source : G.A.T.T.

Tableau 6

Répartition mondiale du commerce des produits manufacturés en valeur (milliards de dollars) et en pourcentage par rapport au total mondial 1974

Destin. Origine	P.D.E.M.		P.V.D.		Pays socialistes		Total	
	Valeur	%	Valeur	%	Valeur	%	Valeur	%
P.D.E.M.	276,2	57,1	84,56	17,5	21,02	4,3	396,73	82,0
P.V.D.	22,85	4,7	10,38	2,1	1,24	0,26	38,45	7,9
Pays socialistes	8,92	1,8	6,05	1,2	27,69	5,7	42,85	8,9
Total	313,99	64,9	102,56	21,2	50,01	10,3	483,76	100

Source : G.A.T.T. 1976.

Le fait que ce sont les produits manufacturés qui, au sein des exportations totales, ont connu la croissance la plus rapide (22,6 % en taux annuel entre 1965 et 1973 contre 14,6 % pour l'ensemble des exportations) n'a empêché, comme le montre les tableaux 5 et 6, ni la persistance d'un déséquilibre sectoriel sans doute nuisible à l'élargissement de la base industrielle interne, ni la persistance de la faiblesse des relations commerciales internes aux pays en voie de développement (2,1 % des échanges mondiaux des produits manufacturés).

En dernier lieu, et toujours au chapitre des échanges, certains pays en développement remettent en cause les formes concrètes selon lesquelles est organisée la division internationale du travail, plus particulièrement par les firmes multinationales. Ce qui est en question ici n'est pas l'investissement étranger en tant que tel, mais la spécialisation étroite dans laquelle il cantonne souvent les pays en voie de développement au sein de processus de production fragmentés à l'échelle mondiale. Ce type de spécialisation dépasse d'ailleurs les firmes multinationales puisque l'industrie de sous-traitance peut être et a été développée par des capitaux nationaux dans les pays en voie de développement (7). A de rares exceptions près (Formose et la République de Corée par exemple), il n'a guère pu contribuer au développement d'industries de biens d'équipement (8).

Enfin, un dernier aspect de la remise en cause des formes de spécialisation auxquelles conduit la division internationale du travail actuelle est lié au maintien de la dépendance financière. Sans aborder des questions de stabilisation, voire d'indexation des prix des matières premières qui dépassent le cadre de ce papier et qui peuvent contribuer à atténuer cette dépendance, il convient de souligner le cercle vicieux que constitue, pour nombre de pays développés, le cycle endettement-nécessité de recettes d'exportations-industrialisation tournée vers les marchés des pays dévelop-

(7) Voir à ce sujet G.K. HELLEINER, « Manufactured exports from less developed countries and multinational firms », *Economic journal,* March 1973, et G. ADAM : « Multinational corporations and worlwide sourcing », in *International firms and modern imperialism,* H. RADICE, ed. Penguin, 1975.

(8) Cf. à ce sujet : Alice H. AMSDEN : « The division of labour is limited by the type of market : The case of the Taïwanese machine-tool in industry », *World Development,* March 1977.

pés — recours aux importations en biens d'équipement — endettement. Le déficit courant des P.V.D. non exportateurs de pétrole était d'environ 30 milliards de dollars en 1976, alors que le niveau de la dette était estimé à 180 milliards de dollars et les capitaux nécessaires à l'amortissement de cette dette à environ 12,5 milliards. Le seul rappel de ces chiffres suffit à donner une idée des contraintes auxquelles sont confrontés les pays du Tiers monde dans le choix de leur stratégie de développement, ainsi qu'à expliquer la nécessité ressentie par certains d'entre eux d'échapper à une division internationale du travail dont ils pensent qu'elle ne fait que renforcer ces contraintes.

Quelle(s) nouvelle(s) D.I.T. pour les pays développés ?

Comme nous l'avons vu plus haut, les aspects structurels de la crise traversée par les pays développés font que ceux-ci subissent ou cherchent à mettre en œuvre, ensemble ou individuellement, un certain nombre de transformations de leurs structures industrielles dont les répercussions se situant au niveau mondial, affectent par là même la division internationale du travail. Nous aborderons la question soulevée dans cette partie sous trois aspects : 1. transformations structurelles et restructuration industrielle ; 2. différences de situation et divergences d'intérêt entre pays développés ; 3. formes de coopération et conflits possibles.

1. *Transformations structurelles et restructuration industrielle*

La croissance qu'ont connu les pays développés dans la période de l'après-guerre jusqu'à la fin des années soixante s'explique pour une large part par les conditions favorables de l'accumulation intensive du capital. Plus concrètement, ces conditions favorables expriment que les progrès techniques effectués dans les secteurs des biens de production ont donné lieu à des accroissements de la productivité, importants notamment dans les secteurs des biens intermédiaires et des biens de consommation. Tant que l'articulation entre ces trois secteurs a pu s'effectuer de manière satisfaisante, c'est-à-dire tant que les progrès de productivité engendrés en amont ont pu être diffusés en aval, notamment par la généralisation des processus de production en continu dans le secteur des biens intermédiaires et dans l'automatisation poussée dans le secteur des biens de consommation de masse, la rentabilité du capital et les taux de profits ont pu être maintenus à des niveaux suffisants pour maintenir la croissance du système. Nous avons vu plus haut que, grosso modo, la division internationale du travail correspondant à cette période continue certes de faire une large place à la production de matières premières dans les pays en développement, mais commence à servir de cadre à une valorisation internationale du capital qui donne naissance à un flux d'exportations de produits industriels des pays en voie de développement vers les pays industrialisés, produits dont les techniques de production sont relativement banalisées et qui se situent, soit au niveau de la consommation finale (textiles), soit au sein de filières de production dont les pays en voie de développement ne maîtrisent pas l'ensemble (biens de sous-traitance).

Ce qui peut expliquer en partie la crise actuelle dans ces aspects structurels (économiques mais également sociaux) est la difficulté de poursuivre plus loin cette phase d'accumulation intensive caractéristique de la période de croissance. Il se produit un décalage entre les progrès de productivité rendus techniquement possibles par des innovations technologiques dans le secteur des biens de production et la diffusion de ces progrès de productivité socialement acceptables dans les autres secteurs, l'accélération de la substitution du capital au travail soulève des problèmes d'emploi et, compte tenu de la rigidité des salaires, entraîne des problèmes de rentabilité du capital. Par ailleurs, le gonflement du secteur des services, que ceux-ci soient collectifs ou relèvent d'activités liées à la conception, à la circulation, et à la réalisation absorbe un volume de ressources qui, détournées du secteur productif, rendent encore plus difficile le processus d'accumulation.

Dans la plupart des pays, ces problèmes structurels internes sont amplifiés par les conséquences de la division internationale du travail mise en place avant la période de croissance. En effet, de 1965 à 1975, la part des P.V.D. dans les importations de produits manufacturés par les pays

Tableau 7

Part des P.V.D. dans les importations des biens manufacturés de l'O.C.D.E. (1965-1975)

Catégorie C.T.C.I. (1)	Part en provenance de							
	P.V.D. total (2)		Afrique		Amérique latine		Asie du S.E.	
	1965-75		1965-75		1965-75		1965-75	
5 + 6 + 7 + 8	7,10	9,25	1,81	0,73	1,73	1,77	2,72	4,64
5	4,75	4,32	0	0,44	2,96	2,42	0,58	0,71
6 — 61 — 65 — 69	13,73	10,00	5,75	2,64	4,33	2,50	2,38	3,32
8 — 86 + 61 + 65 + 69	11,34	17,92	0,34	0,49	0,73	2,26	8,68	13,35
7 + 86	0,81	3,68	0,14	0,11	0,09	1,03	0,33	2,18
65 + 84 + 61 + 85	15,67	25,39	0,49	0,81	0,95	3,12	12,24	18,77

(1) 5 + 6 + 7 + 8 : total de l'industrie
5 : industries chimiques
6 — 61 — 65 — 69 : industries de transformation lourdes.
8 — 86 + 61 + 65 + 69 : industries diverses + industries de transformation légères.
7 + 86 : industries mécaniques et électriques + instruments de mesure.
65 + 84 + 61 + 85 : textiles et vêtements + transformations du cuir et chaussure.
(2) Les P.V.D. comprennent, outre l'Afrique, l'Amérique et l'Asie du S.-E., le Moyen-Orient et les pays en développement d'Europe et d'Océanie.

Source : Calculs effectués à partir des statistiques de commerce extérieur de l'O.C.D.E., 1965-1975 échanges par produits série B.

Tableau 8

Taux de croissance annuel des importations de l'O.C.D.E. en provenance du monde et des P.V.D. 1965-1975

Catégorie C.T.C.I.	Monde	P.V.D. total	Afrique	Amérique latine	Asie du S.-E.
5 + 6 + 7 + 8	17,25	20,38	7,11	17,48	23,68
5	18,00	16,89	11,35	15,65	20,30
6 — 61 — 65 — 69	12,50	10,25	4,85	7,74	17,66
8 — 86 + 61 + 65 + 69	17,27	22,75	21,67	31,28	22,44
7 + 86	19,02	38,50	16,89	51,51	43,91
65 + 84 + 61 + 85	16,50	22,10	22,56	31,24	21,59

Source : Calculs effectués à partir des statistiques de commerce extérieur de l'O.C.D.E., 1965-1975 échanges par produits série B.

de l'O.C.D.E. s'est sensiblement accrue (tableaux 7 et 8), reflétant une croissance plus rapide des importations en provenance des P.V.D. par rapport aux importations totales. Nous avons vu que ce phénomène n'était pas pour autant assimilable au succès de l'industrialisation du Tiers monde, mais traduisait plutôt, dans la plupart des cas, un processus de valorisation internationale du capital mis en œuvre par les firmes multinationales, soit seules soit en collaboration avec les bourgeoisies nationales des pays en développement.

Sous le double coup de ces problèmes structurels internes et de la concurrence, persistante des pays en développement, concurrence dans l'organisation de laquelle les firmes multinationales jouent un rôle actif, les pays développés vont chercher à mettre en place des formes de restructuration industrielle qui s'inscrivent aussi bien au niveau interne qu'à celui de la division internationale du travail. Parmi ces formes, celles qui sont les plus susceptibles de résoudre les problèmes structurels *au niveau de l'ensemble des pays développés* sont les suivantes :

1 — Approfondissement de la valorisation internationale du capital, notamment dans les secteurs où, du fait des différentiels de taux de salaires plus importants que les différentiels de taux de productivité, les taux de profits sont plus importants dans les pays en voie de développement. Cette voie entraîne une régression plus ou moins progressive dans un certain nombre de secteurs de consommation finale (textile) ou de consommation intermédiaire de sous-traitance (matériels d'équipement s'inscrivant dans la production d'ensembles marchandises dont la maîtrise de la totalité échapperait aux pays en développement).

2 — Élargissement de l'aire d'accumulation du capital pour échapper aux contraintes issues de la crise de l'articulation au sein des pays développés entre le secteur des biens de production et celui des biens de consommation. Cet élargissement transposerait au niveau des relations entre pays développés et quelques pays du Tiers monde le modèle qui a réussi entre les États-Unis, l'Europe et le Japon après la guerre, permettant à ces pays du Tiers monde de développer une consommation de masse et de résorber le hiatus entre développement interne et industrialisation extravertie.

3 — Investissement dans certains secteurs de biens d'équipement (électroniques, automatismes) pour lesquels les progrès de productivité entraînés dans le reste de l'économie peuvent être tels qu'ils s'opposent aux effets néfastes sur les taux de profits de l'augmentation de la composition organique du capital.

2. *Différences de situation et divergences d'intérêt entre pays développés*

Les pays développés sont loin de connaître des situations économiques et sociales qui leur permettraient d'avoir recours de façon équivalente aux stratégies évoquées ci-dessus. Bien plus, ces stratégies mises en œuvre par certains pays mieux placés peuvent se heurter à des résistances effectives de la part de certains autres pour lesquelles les conséquences globales à court et moyen terme peuvent se révéler plus néfastes que favorables. Ainsi, la cohésion du monde développé, si elle se présente comme une contrainte, peut freiner la mise en place d'une nouvelle division internationale du travail que peuvent chercher à promouvoir les économies dominantes que sont les États-Unis, la République Fédérale d'Allemagne et le Japon.

En ce qui concerne l'approfondissement de la valorisation extérieure qui passe par une libéralisation marquée des échanges de produits manufacturés avec les pays en voie de développement, il est évident que ces trois pays y trouveraient un avantage plus important que d'autres — tels la France, la Grande-Bretagne ou l'Italie — qui n'ont pas su orienter l'évolution de leurs structures industrielles autour du pôle des industries de biens de production et donc restent prisonniers de structures qui les rendent plus vulnérables à la concurrence des exportations du Tiers monde. Le protectionnisme en matière de textiles récemment mis en œuvre par la France et avalisé par la C.E.E. est à la fois un exemple des disparités internes au monde développé et des concessions que doivent faire des partenaires plus enclins à la libération des échanges pour maintenir la cohésion de l'ensemble. Le tableau 9, qui indique la part des P.V.D. dans les importations de différentes catégories de produits manufacturés par plusieurs pays industrialisés, montre bien les disparités entre ces derniers. Il est frappant de constater que ce sont les pays qui présentent les taux d'importation en provenance des P.V.D. les plus élevés qui sont le moins opposés à la libération des échanges, notamment ceux qui concernent les industries de main-d'œuvre.

Il convient cependant de remarquer qu'au sein des pays les plus apparemment résistants vis-à-vis de la délocalisation, cette résistance est le fait d'entreprises qui ne peuvent sauter le pas de l'internationalisation et que le recours au protectionnisme peut être envisagé comme une mesure temporaire mise à profit pour opérer une restructuration et une orientation des investissements qui prépare à l'internationalisation. Cela dit, cette internationalisation ne pourrait être socialement acceptée que si elle s'accompagne à la fois d'effets redistributifs concernant les profits dégagés par les multinationales, ainsi que d'un effort de formation et de « redéploiement » en faveur de secteurs qui, par contrecoup, pourraient bénéficier du développement de l'industrialisation d'exportation dans le Tiers monde, consécutif à la libéralisation des échanges, à savoir les industries de biens d'équipement.

Ainsi, l'option de libéralisation des échanges, de délocalisation industrielle, de ce que nous avons appelé l'élargissement de l'aire de valorisation, ne peut être engagée que si elle est accompagnée par un effort de redéploiement des investissements internationaux et de redéploiement industriel vers les industries de biens d'équipement qui, comme nous le verrons plus loin, posent également le problème des disparités au sein du monde développé. Seul, cet effort peut être en mesure de pallier les conséquences sur l'emploi qui ne manquèrent pas d'être importantes. Ainsi, pour l'Allemagne, une étude récente de l'Institut de Kiel indique qu'à l'horizon 1985 une libéralisation totale des échanges pourrait entraîner la perte de 340 000 à 600 000 emplois (les secteurs les plus touchés étant ceux de l'habillement, du textile et de l'appareillage électrique) et le gain de 200 000 nouveaux emplois essentiellement dans les industries d'équipement tournées vers l'exportation (9).

Pour ce qui est de l'investissement à l'étranger, on constate que, malgré la récession dans les pays industriali-

(9) Source : Institut für Weltwirtshaft, Kiel, 1975.

Tableau 9

Part des P.V.D. dans les importations de différentes catégories de biens manufacturés par plusieurs pays développés — 1965-1975

Zone ou pays	Catégorie C.T.C.I.	P.V.D. total		Afrique		Amérique latine		Asie du Sud-Est	
		1965	1975	1965	1975	1965	1975	1965	1975
C.E.E.	5 + 6 + 7 + 8	5,34	6,17	2,05	1,00	1,24	1,03	1,07	2,95
	5	2,73	2,95	0,78	0,47	1,15	1,52	0,37	0,32
	6 — 61 — 65 — 69	12,67	8,25	6,61	3,09	3,76	1,91	0,93	1,87
	8 — 86 + 61 + 65 + 69	5,99	12,86	0,44	0,77	0,16	1,10	3,31	8,64
	7 + 86	0,39	2,24	0,06	0,15	0,07	0,33	0,07	1,18
	65 + 84 + 61 + 85	8,44	18,63	0,61	1,22	0,22	1,71	4,74	12,25
Japon	5 + 6 + 7 + 8	13,38	24,44	4,93	1,75	1,67	2,60	5,48	16,22
	5	4,31	9,32	0,15	0,15	1,37	2,23	2,35	6,41
	6 — 61 — 65 — 69	38,44	35,23	16,21	7,41	4,45	6,15	15,39	16,71
	8 — 86 + 61 + 65 + 69	9,91	38,88	0,0	0,56	0,64	0,67	8,80	38,04
	7 + 86	3,84	9,97	1,83	0,11	0,40	1,77	0,31	8,01
	65 + 84 + 61 + 85	17,86	51,04	0,0	0,03	1,64	0,99	15,63	49,95
U.S.A.	5 + 6 + 7 + 8	14,18	18,93	0,58	0,41	4,74	5,72	7,84	11,74
	5	15,73	14,57	0,92	0,30	12,94	9,41	1,57	1,16
	6 — 61 — 65 — 69	16,41	16,15	1,23	1,57	8,13	4,95	5,51	7,21
	8 — 86 + 61 + 65 + 69	24,41	42,03	0,17	0,12	2,66	8,57	20,27	31,79
	7 + 86	1,78	11,22	0,01	0,02	0,16	4,30	1,38	6,71
	65 + 84 + 61 + 85	33,17	60,00	0,21	0,15	3,64	12,12	27,97	46,00

Allemagne	5 + 6 + 7 + 8	7,03	8,50	1,34	0,70	2,38	1,39	1,62	4,29
	5	2,67	2,41	0,55	0,48	1,24	1,11	0,37	0,46
	6 — 61 — 65 — 69	12,00	6,94	3,41	1,74	6,67	2,66	0,51	1,47
	8 — 86 + 61 + 65 + 69	9,73	17,67	0,56	0,71	0,16	1,66	5,13	10,50
	7 + 86	0,61	4,08	0,06	0,10	0,07	0,59	0,11	2,33
	65 + 84 + 61 + 85	11,71	22,68	0,68	1,00	0,16	2,10	6,30	13,04
France	5 + 6 + 7 + 8	4,39	4,79	2,38	1,15	0,66	0,76	0,74	1,71
	5	4,40	2,65	2,45	0,95	1,20	0,69	0,61	0,32
	6 — 61 — 65 — 69	11,52	9,92	7,14	2,56	1,67	2,01	1,30	2,13
	8 — 86 + 61 + 65 + 69	4,04	7,69	0,95	1,94	0,29	0,76	1,74	4,17
	7 + 86	0,18	1,35	0,05	0,07	0,03	0,14	0,03	0,70
	65 + 84 + 61 + 85	7,54	12,43	1,74	3,66	0,60	1,31	3,40	6,26
Grande-Bretagne	5 + 6 + 7 + 8	14,68	8,79	6,26	1,10	2,08	1,38	5,36	5,38
	5	5,39	5,57	0,29	0,22	3,76	3,94	0,86	0,51
	6 — 61 — 65 — 69	21,20	8,24	15,38	2,95	3,69	1,93	0,93	3,04
	8 — 86 — 61 — 65 — 69	26,69	21,54	0,53	0,27	0,44	0,69	23,86	18,73
	7 + 86	3,27	3,67	0,72	0,41	0,35	0,60	1,54	1,75
	65 + 84 + 61 + 85	37,78	31,26	0,71	0,31	0,49	0,96	34,45	27,65

Source : Même source que tableau 7.

sés, il reste en progression sensible aussi bien en volume qu'en proportion du produit national brut (tableau 10).

Tableau 10

Apports nets de capitaux privés en provenance de pays de l'O.C.D.E. aux P.V.D.

Pays	Moyenne 1964-1966		1971		1974		1975	
	millions $	% P.N.B.	millions $	% P.N.B.	millions $	% P.N.B.	millions $	% P.N.B.
France	524,0	0,52	498,0	0,31	1 567,2	0,57	1 517,3	0,45
Allemagne	283,2	0,25	1 016,8	0,47	1 646,2	0,43	3 263,9	0,77
Italie	295,2	0,50	566,6	0,56	173,2	0,12	1 292,8	0,75
Japon	123,4	0,14	978,7	0,43	1 047,2	0,23	372,9	0,03
Royaume-Uni	466,9	0,45	768,0	0,55	1 554,9	0,81	1 433,0	0,62
États-Unis	1 743,1	0,25	3 363,4	0,32	6 008,0	0,43	12 439,0	0,82
Total C.A.D.	3 932,4	0,29	8 874	0,40	14 483,3	0,42	23 303,8	0,61

Source : Coopération pour le Développement, O.C.D.E. 1976.

Il est à noter que l'Allemagne et, de façon plus explicite, le Japon, pays qui bénéficient tous deux d'excédents de leur balance des paiements, se sont prononcés en faveur d'une expansion rapide de leurs investissements à l'étranger, expansion qu'ils associent à la transformation de leur structure de production et d'échange. Ainsi, dans la très officielle publication du M.I.T.I. japonais : « Japan's Industrial Structure — A long range vision », on peut lire que le niveau des investissements accumulés à l'étranger, qui était de 32,2 milliards de dollars en 1974, devrait passer à 40,11 milliards en 1980 et 80,7 milliards en 1985, et que, dans ces investissements, la part de l'industrie manufacturière devrait passer de 22,5 % en 1970 à 39,9 % en 1985, dépassant la part liée aux matières premières. Parmi les raisons évoquées pour justifier cette croissance des investissements, on trouve notamment : « La nécessité d'assurer un certain contrôle, par la propriété des moyens de production, sur la division internationale du travail et sur la localisation industrielle ; la stabilité internationale de l'offre et de la demande en matière de produits manufacturés ».

Si les pays développés présentent des différences au regard des stratégies fondées sur la libéralisation des échanges et l'élargissement de l'aire de valorisation extérieure, il en va de même au regard de stratégies basées sur l'extension à certains pays en voie de développement de bases d'accumulation. Avant de préciser ces différences, soulignons que ces stratégies, loin d'être exclusives, peuvent être poursuivies de façon complémentaire. La prépondérance de la première ou la poursuite des deux à la fois, de façon différenciée vis-à-vis des divers pays du Tiers monde, dépend de l'évolution des conditions économiques, sociales, voire politiques, internes aux pays du Nord et du Sud, ainsi que des relations politiques entre Nord et Sud. Nous avons vu plus haut que l'extension géographique des bases d'accumulation peut être considérée comme une réponse, au niveau de la D.I.T., aux conséquences de la suraccumulation dans les pays du centre, créatrice de surcapacités et de déséquilibres sectoriels dus en partie aux contraintes sociales que rencontre la diffusion des gains de productivité rendus possibles par les progrès techniques réalisés dans le secteur des biens de production. Dans une optique capitaliste, l'extension géographique des rapports sociaux de production qui sont à la base du processus d'accumulation se présente alors comme une solution possible aux problèmes de suraccumulation. Mais les différents pays développés se présentent en situation inégale pour impulser ce genre de solution. En effet, ceux qui sont le plus en mesure de le faire sont ceux qui, au niveau mondial, jouissent de systèmes productifs qui leur assurent une maîtrise ou une non-dépendance dans le secteur des biens de production, ou, plus précisément, dans celui des biens de production pour les biens de production. C'est en effet à partir de ce secteur, ainsi que celui de la recherche, que se déterminent les progrès de productivité qui diffusent dans le reste de l'économie. Or, qu'il s'agisse des biens d'équipement d'une façon générale, ou des machines-outils, ou des systèmes électroniques couplés à des machines, les États-Unis, l'Allemagne Fédérale et le Japon exercent à l'heure actuelle une prédominance certaine, au niveau de la production comme à celui des échanges. En ce qui concerne ces derniers, le tableau 11 montre bien cette prédominance (qui s'étend en fait à l'ensemble de l'industrie) en termes de volume et de répartition géographique. Si l'on s'en tient aux biens d'équipement, on remarque que les parts des marchés détenues par ces trois pays dans les zones en développement sont presque toujours les plus importantes, l'Afrique faisant, pour certains biens, exception (tableau 12) (10). Mais l'analyse des flux commerciaux, des parts de marché, ne peut indiquer les économies les mieux placées pour mettre en œuvre une stratégie d'extension géographique des bases d'accumulation ; elle ne saurait expliquer ce qui conduit ces économies et d'autres avec elles à s'engager dans de telles stratégies. Nous avons esquissé plus haut, et de façon abstraite, une telle explication au niveau de l'ensemble du monde développé. Plus concrètement, si l'on cherche les origines des problèmes de suraccumulation et la façon dont ils se matérialisent au sein du monde développé, il faut rappeler schématiquement les points suivants :

1. La croissance particulièrement importante de l'Europe et du Japon au cours de la période 1955-1970, envers un déclin relatif des États-Unis que certains ont pu diagnostiquer à la fin des années soixante, n'a pu se réaliser qu'à la faveur d'un modèle d'accumulation agencé autour de la maîtrise du secteur des biens de production, que cette maîtrise ait été acquise ou non avec l'aide de firmes multinationales américaines. Cette période a donc connu à la fois le maintien d'une domination géopolitique américaine et la génèse d'une concurrence oligopolistique dans le secteur des biens d'équipement, concurrence qui a été un des facteurs de la suraccumulation et de l'existence de capacités excédentaires dans de nombreux secteurs (chimie, sidérurgie, construction navale...).

(10) Cette prépondérance est, bien sûr, également manifeste dans le cadre du commerce interne aux pays développés.

Tableau 11

Exportations industrielles des principaux pays développés par zones en développement 1965-1975 (millions de dollars courants)

Origine	Destination catégorie C.T.C.I.	Monde		P.V.D. total		Afrique		Amérique latine		Moyen-Orient		Asie du S.-E.	
		1965	1975	1965	1975	1965	1975	1965	1975	1965	1975	1965	1975
Japon	5 + 6 + 7 + 8	778,0	53 168	3 479,3	26 235	662,8	4 508	477,7	4 542,0	267,1	5 317	1 919,7	11 683
	7 + 86	2 898,3	29 415	1 508,9	13 682	432,2	3 530	188,8	2 680	78,1	2 212	737,1	5 346
U.S.A.	5 + 6 + 7 + 8	17 287,7	71 024	5 681,8	26 324	445,0	2 178	3 245,2	12 760	502,8	5 419	1 436	5 635
	7 + 86	10 663,1	48 249	3 875,3	17 514	305,6	1 506	1 901,7	7 808	372,3	4 227	765,0	3 704
R.F.A.	5 + 6 + 7 + 8	15 905,9	79 619	2 575,5	15 634	502,6	3 312	802,5	3 416	413,0	4 925	720,3	2 149
	7 + 86	8 817,5	44 221	1 531,9	10 300	316,5	2 192	415,1	2 008	229,9	3 710	490,3	1 393
France	5 + 6 + 7 + 8	7 325,4	40 119	2 077,7	11 179	1 274,2	6 165	332,0	1 636	176,4	1 891	173,6	913
	7 + 86	2 800,9	19 842	851,3	6 437	488,2	3 578	147,7	875	66,4	1 113	93,1	567
G.-B.	5 + 6 + 7 + 8	11 178,1	36 456	3 099,8	10 319	845,7	2 772	625,0	1 804	529,4	3 377	1 001,3	2 008
	7 + 86	5 840,7	19 383	1 741,6	6 206	464,7	1 620	348,5	1 045	254,6	2 057	615,1	

Source : Statistiques de Commerce Extérieur O.C.D.E. 1965-1975, série B.

Tableau 12

Parts de marchés de biens d'équipement
des principaux pays développés
dans les zones en développement 1974
(A : total des biens d'équipement C.T.C.I. 7
B : machines outils C.T.C.I. 751-1
C : machines textiles C.T.C.I. 717-1)

Marché	Exportateur	A		B		C	
		Valeur	Part	Valeur	Part	Valeur	Part
Moyen Orient	U.S.A.	1 995,4	23,5	0,3	08,1	11,8	6,5
	Japon	980,5	11,5	1,9	2,4	8,1	4,5
	R.F.A	1 739,2	20,5	32,1	41,3	68,8	38,1
	France	544,2	6,4	4,3	5,5	6,4	3,5
	G. B.	1 016,6	12,0	8,3	10,7	17,0	9,4
	Italie	511,2	6,0	8,9	11,5	14,6	8,1
	U.R.S.S.	397,3	4,7	2,0	2,6		
Afrique	U.S.A.	1 355,8	9,2	9,5	5,5	10,3	3,3
	Japon	3 456,6	23,4	6,2	3,6	29,3	9,5
	R.F.A.	2 367,5	16,1	46,0	26,7	81,1	26,3
	France	2 211,6	15,0	30,9	17,9	22,9	7,4
	G. B.	1 619,6	11,0	36,3	15,3	44,5	14,4
	Italie	970,1	6,6	17,3	10,0	24,1	7,8
	U.R.S.S.	246,9	1,7	0,6	0,3	0,3	0,1
	U.S.A.	6 992,5	40,7	89,5	22,0	96,2	17,6
	Japon	2 311,0	15,7	19,5	4,8	50,3	9,3
	R.F.A.	1 834,3	12,5	142,5	33,1	174,1	32,2
	France	581,8	4,0	10,9	2,7	23,4	4,3
	G. B.	640,1	4,3	13,1	4,5	40,2	7,4
	Italie	597,7	4,1	35,7	8,8	33,6	6,2
	U.R.S.S	328,8	2,2	5,5	1,4	5,3	1,0
	U.S.A.	3 186,2	20,8	18,3	5,9	94,9	9,3
	Japon	5 470,9	35,8	126,9	40,5	423,2	41,5
	R.F.A	1 506,5	9,8	64,9	20,8	236,2	23,1
	France	482,7	3,2	6,9	2,2	35,7	3,5
	G. B.	1 204,8	7,9	19,4	5,2	75,8	7,1
	Italie	314,9	2,1	7,4	2,4	30,3	3,0
	U.R.S.S.	622,0	4,1	5,1	1,6	6,6	0,6

En millions de dollars US, fob.

Source : Commerce mondial des industries mécaniques et électriques, O.N.U., 1974.

2. Les lieux où se matérialise cette concurrence oligopolistique sont à la fois le monde développé et le monde en développement, et c'est dans cette mesure que l'on peut avancer que les formes que prendra le développement industriel des pays du Tiers monde dépendent en particulier de la façon dont seront résolus les conflits qui opposent les

pays développés. Ceux-ci ressentent bien que la poursuite de cette concurrence oligopolistique ne saurait se poursuivre en leur sein sans mettre gravement en cause les structures économiques mais également socio-politiques des plus faibles et, par voie de conséquence, leur cohésion interne. Les mesures protectionnistes qui ne manquent pas d'être évoquées dans les secteurs où les surcapacités sont les plus manifestes poussent à la création d'accords dits d'organisation des marchés (orderly marketing agreements) qui s'apparentent en fait à des contallisations.

3. Mais cette concurrence oligopolistique, si elle tend à être organisée au sein des pays développés, risque en fait de s'aiguiser avec certains pays de la périphérie pour enjeu. En effet, si la stratégie de l'élargissement de l'aire de la valorisation du capital peut offrir un certain volume de débouchés aux industries d'équipement du monde développé, la stratégie d'extension de l'aire d'accumulation offre une meilleure garantie à long terme (sous réserve de stabilité sociopolitique). Cet enjeu est manifeste lorsque l'on observe les tensions qui se sont développées autour des programmes d'équipement nucléaire projetés par la R.F.A. au Brésil ou par la France au Pakistan et en République de Corée ; ou encore la concurrence aiguë qui se manifeste sur des pays qui, tels l'Iran, l'Algérie ou le Brésil, se sont orientés, sous des formes diverses, vers un capitalisme d'État engagé à construire et à approfondir les propres bases d'accumulation nationale. Ainsi, d'une certaine manière, dans le monde développé, l'instabilité inhérente à un équilibre concurrentiel au niveau des biens de production entre États-Unis, Europe et Japon peut, par certains côtés, favoriser l'avènement d'une division internationale du travail qui favorise la mise en place de processus d'accumulation interne dans certains pays en développement.

3. Forme de coopération et conflits

Les nouvelles formes de D.I.T. que peuvent chercher à promouvoir les pays développés posent, nous l'avons vu, des questions relatives à leur cohésion interne, aussi bien qu'à l'évolution de leurs relations avec le Tiers monde, qu'il s'agisse des pays susceptibles de connaître un développement industriel rapide ou des autres. Ce sont ces questions que nous évoquerons brièvement ici en soulignant les aspects coopération et conflits qu'elles sous-tendent. Entre pays développés, il nous semble que le problème principal est celui de l'impact que pourrait avoir, sur la hiérarchie existante des systèmes productifs, l'élargissement de l'aire de valorisation du capital, ainsi que l'accès progressif de certains pays en voie de développement à un processus d'accumulation interne qui resterait cependant indépendant durant une période plus ou moins longue, de la technologie des pays les plus avancés.

La libération des échanges est une condition nécessaire à l'extension de l'aire de la valorisation, mais les coûts d'une telle libéralisation affecteraient de façon différente les diverses économies développées. Les mesures protectionnistes auxquelles pourraient avoir recours les pays les plus atteints pourraient dépasser le cadre des échanges Nord-Sud et gravement affecter les échanges internes aux pays développés ; il n'est certainement pas dans l'intérêt des pays qui retireraient le plus d'avantages d'une libéralisation des échanges avec le Tiers monde que les conséquences de cette libéralisation remettent en cause l'expansion des échanges industriels internes aux pays développés, échanges dont nous avons vu (tableau 5) qu'ils représentaient, en 1974, 57,1 % du commerce mondial des produits manufacturés. En d'autres termes, tout effort de libéralisation du commerce des produits manufacturés avec les pays en développement, entrepris dans des cadres multilatéraux (C.E.E., G.A.T.T.,...) doit faire la part des contraintes particulières aux pays développés les plus affectés. En particulier, de tels efforts doivent s'accompagner de restructuration interne renforçant la productivité de ces pays dans des secteurs moins affectés par la concurrence des pays du Tiers monde. C'est sans doute pour de telles raisons que la libéralisation et la délocalisation d'activités industrielles ne sont pas actuellement poursuivies uniquement en soi dans des secteurs aussi variés que le textile ou les produits de base chimiques et sidérurgiques. Ils sont utilisés également comme moyens de pression par les groupes industriels les plus aptes à organiser leur production sur une échelle mondiale pour accroître leur productivité sur leurs bases nationales. Cet objectif atteint, la libéralisation pourrait continuer à s'exercer dans des secteurs délaissés par les économies développées alors que dans les secteurs restructurés on assisterait sans doute à un frein, voire à un déclin, de la délocalisation.

Ainsi, une des conditions essentielles à l'intégration des pays en voie de développement au marché mondial par la promotion de leurs exportations de produits manufacturés est la non-accentuation des disparités de structures économiques au sein des pays développés, une telle accentuation pouvant engendrer des ruptures politiques de loin plus préjudiciables que les avantages tirés de l'intégration des P.V.D.

Cela dit, si les pays développés peuvent à terme s'accorder sur les formes de coopération avec le Tiers monde, basées sur l'orientation extravertie de l'industrialisation de celui-ci, c'est-à-dire sur la promotion des exportations des pays en développement, on peut penser que la concurrence oligopolistique entre firmes et entre pays continuera de jouer au niveau de l'exportation de biens d'équipement à destination du Tiers monde, exportations dont on a vu qu'elles pouvaient, dans certains pays, contribuer à développer des bases d'accumulation. Il est certain que la restructuration des économies développées dans un sens favorable à de nouvelles générations de biens d'équipements (télécommunications, électronique, nucléaire) ne peut se concevoir que si ces biens d'équipements sont valorisés à l'échelle mondiale. On peut penser que, pour une telle valorisation, certains pays en développement constitueront un enjeu déterminant dans la concurrence opposant les pays développés et que les liens traditionnels hérités de l'histoire, en particulier coloniale ou néo-coloniale, seront battus en brèche. Il en va ainsi de la suprématie américaine au Brésil, de la percée américaine en Algérie sans parler des enjeux que représentent le Moyen-Orient (Iran) et l'Inde.

Face à ces stratégies que peuvent poursuivre les pays développés pour résoudre les problèmes structurels auxquels sont confrontées leurs économies, et qui posent de façon nouvelle leurs rapports internes, ainsi que les places qu'ils entendent donner au Tiers monde dans la division internationale du travail, quelles sont les stratégies ouvertes aux pays en développement et quelles incidences peuvent-elles avoir sur les pays développés ?

IV — Quelles nouvelles D.I.T. pour les pays du Tiers monde ? Une vue des pays développés

Il ne s'agit pas ici pour nous de nous substituer aux pays du Tiers monde, dans leur variété, pour préconiser tel ou tel mode d'insertion (ou de non-insertion) dans la D.I.T. qui correspondrait le mieux à ses dotations en ressources, au niveau de ses forces productives, à ses structures sociales ou à ses options politiques ou idéologiques.

Nous tenterons plutôt d'examiner sur quelles formes concrètes d'insertion dans la D.I.T. débouchent les stratégies de développement (essentiellement dans leur composante industrielle) explicitement ou implicitement mises en œuvre ou recherchées par tel ou tel pays ou groupe de pays en développement. Par ailleurs, ce qui nous intéresse surtout dans le cadre de ce papier n'est pas tant la critique de ces stratégies de développement que l'incidence qu'elles peuvent avoir sur les pays développés. En effet, nous pensons, d'une part qu'il ne nous appartient pas, dans le cadre où nous nous situons, de formuler de telles critiques, d'autre part, et ceci nous semble plus important, que les marges de manœuvre des pays en développement sont limitées, autrement dit que la « faisabilité » d'une stratégie d'industrialisation dépend encore en grande partie de ses éléments d'adéquation à la solution de problèmes auxquels sont confrontées les économies développées.

Nous nous limiterons ici à l'examen de trois types de stratégies explicites ou implicites : l'extraversion industrielle, le capitalisme d'État, l'autonomie collective.

1. L'extraversion industrielle

L'extraversion industrielle n'est pratiquement jamais présentée explicitement comme une stratégie de développement mais comme moyen qui permet de s'assurer, à travers des formes d'intégration au marché des pays développés (notamment par le biais de leurs firmes multinationales), d'amorcer un processus de transformation des structures de production (changement des structures sectorielles, développement des forces productives). Une telle politique a été poursuivie avec succès depuis les années soixante par un certain nombre de pays, ceux d'Asie du Sud-Est qui, étant donné la taille de leur marché et la structure de leur consommation, ont délibérément court-circuité l'étape de la substitution aux importations, et d'autres qui, tout en ayant des marchés internes importants, n'ont pu développer certains secteurs de leur industrie qu'en les incorporant à des réseaux de sous-traitance internationale pour des raisons que nous évoquerons plus loin. Le tableau 13 indique la performance d'un petit nombre de pays — huit — dont, en 1973, la part dans les exportations totales de produits manufacturés (à l'exclusion des dérivés du pétrole et des métaux non ferreux) des pays en voie de développement vers les pays développés à économie de marché, atteignait 72,3 %.

Tableau 13

Ventes d'articles manufacturés (1)
des principaux pays exportateurs en développement (2)
vers 21 pays développés à économie de marché (1973)
(millions de dollars)

	Valeur	Part
Hong-Kong	3 260	20,5
République de Corée	2 234	14,0
Yougoslavie	1 340	8,4
Mexique	1 260	7,9
Brésil	1 139	7,2
Inde	872	5,5
Singapour	840	5,3
Malaisie	560	3,5
Total (pour les 8 pays)	11 505	72,3
Total P.V.D.	15 920	100 %

(1) A l'exclusion des produits dérivés du pétrole et des métaux non ferreux, non ouvrés.
(2) Mentionnons l'absence des statistiques de Formose dont les exportations sont du même ordre que celles de la Corée.

Source : Étude sur le Commerce des articles manufacturés des pays et territoires en développement, 1974, C.N.U.C.E.D., 1976.

Ce « succès » rencontré par l'extraversion industrielle s'explique en très grande partie par le fait que, dans la plupart des cas, elle a été mise en œuvre par les firmes multinationales des pays développés, agents principaux de l'extension géographique de la valorisation du capital. Trois formes d'extraversion, dont l'importance relative est en train de se transformer, ont été mises en place.

La première est l'investissement dans des secteurs produisant pour la consommation finale des pays développés, qui sont caractérisés par une élasticité du revenu plus importante que la moyenne et pour lesquels les différentiels de coûts de main-d'œuvre, compte tenu des écarts de productivité, justifient amplement l'investissement. C'est selon ce schéma que se sont développés les investissements dans des secteurs orientés à l'exportation, tels que les vêtements, le textile, l'électronique de consommation, les meubles, les articles en métal, les jouets... Jusqu'à un certain point, le capital national, en particulier dans les pays du Sud-Est asiatique, lié à des maisons de commerce international, à pu prendre le relais des investissements étrangers. On peut se demander si cette forme « primaire » d'extraversion que cherchent encore à promouvoir certains pays tard venus à l'industrialisation (en particulier en Afrique) peut encore se développer aussi rapidement qu'au cours des années soixante. On a vu en effet plus haut que les disparités des taux de pénétration dans les pays développés des produits sur lesquels elle est fondée peut s'opposer encore pendant un certain temps à l'accroissement de la libéralisation des échanges, et donc que les pays en développement les mieux placés actuellement constituent un facteur de frein objectif à l'accès par de nouveaux venus à cette forme d'extraversion. A moins bien sûr, et c'est une hypothèse à ne pas écarter, que ne se constituent ou ne se renforcent des blocs commerciaux entre groupes de pays développés et groupes de pays en développement. C'est sans doute d'ailleurs dans ce sens qu'il faut interpréter les entreprises du type de celles qui sont promues entre Europe et Afrique par le Club de Dakar (11).

La seconde est l'investissement dans des activités de

(11) Club de Dakar, 3e Réunion Plénière, propositions finales, Abidjan, décembre 1976.

sous-traitance, qu'il s'agisse de la sous-traitance stricto-sensu ou de produits finis qui se situent dans des filières de production verticales intégrées à l'échelle internationale. Cette deuxième forme est celle qui, à l'heure actuelle, connaît l'expansion la plus rapide. Le fait qu'elle concerne, de façon prédominante, des industries d'équipement mécaniques et électriques explique sans doute que les pays en développement, tout en étant conscients de la nature parcellaire « fractionnée » de ce processus d'industrialisation, y voient un moyen d'acquérir des éléments de technologie susceptibles d'être ultérieurement intégrés dans l'industrie de biens de production tournée vers leur processus d'accumulation interne. Il semble que, pour cette deuxième forme d'extraversion, les problèmes de limitations des échanges sous formes de tarifs ou de quotas, se posent de manière sensiblement moins aiguë que pour la première. La réglementation douanière américaine, dans ses articles 806-30 et 807-00, qui ne taxe que la valeur ajoutée aux produits sous-traités et dont l'exemple est suivi par le Japon, ne peut que favoriser l'extension de cette forme d'internationalisation (12). Que cette forme, au-delà des revenus d'exportations qu'elle procure, puisse permettre, dans tous les pays qui la favorisent, et à l'exemple de ce qui s'est passé en République de Corée, d'élargir progressivement les bases nationales d'accumulation et de promouvoir les liens inter-industriels n'est pas assuré. Ce qui, par contre, est certain, c'est que les pays développés ne peuvent qu'y trouver avantage tant du point de vue de la valorisation de leur capital que de l'extension de leur propre sphère d'accumulation.

La troisième forme d'extraversion est celle qui, dans les pays dotés d'un large marché intérieur et qui ont développé par le passé des industries de substitution d'importation, se fonde sur une extension régionale ou mondiale de ces industries. Lorsque celles-ci ont été mises en place à partir de capitaux nationaux, à l'abri de protections douanières, l'absence de compétitivité internationale est un obstacle difficilement franchissable pour une telle extension. Par contre,

(12) Entre 1966 et 1970, les importations des États-Unis en provenance des P.V.D. dans le cadre de cette réglementation, sont passés de 61 à 539 millions de dollars, soit de 4 % à plus de 14 % de leurs importations totales en provenances des P.V.D. !

lorsqu'elles se sont développées à partir de capitaux étrangers, les firmes multinationales qui ont investi se prêtent volontiers à une politique nationale de promotion des exportations, d'autant que celles-ci s'effectuent, comme dans le cas de l'Amérique latine, dans le cadre de zones de libre-échange. Ainsi même dans les cas où les firmes multinationales ne contrôlent qu'une fraction réduite de la production industrielle, ce sont souvent sur elles que les pays en développement s'appuient pour développer leurs exportations (13). Il faut noter que ces exportations sont plutôt orientées vers d'autres pays en développement ou, en tout cas, vers des marchés dont les caractéristiques sont analogues à celles qui prévalent dans les pays d'origine. Les multinationales qui participent à cette forme d'extraversion peuvent chercher à ne pas exacerber la concurrence entre leurs entreprises établies sur leur territoire d'origine et leurs filiales implantées dans les pays en développement — encore que l'on constate à l'heure actuelle l'inversion d'une telle tendance (Fiat et Volkswagen). Ce qui les intéresse surtout dans cette forme d'extraversion qui leur est d'ailleurs souvent imposée (les investissements pouvant n'être autorisés que si une fraction de la production est exportée) étant l'utilisation des pays d'accueil comme relais d'une pénétration dans des pays tiers ne jouissant pas de structures économiques ou sociales propices à l'investissement direct.

2. *Le capitalisme d'État*

Précisons ici encore, surtout compte tenu du fait des connotations de l'expression « capitalisme d'État », que nous n'entendons pas porter de jugement de valeur sur les formes concrètes diverses — par leur contenu politique, la nature de l'adhésion (ou de la répression) des forces sociales — qu'emprunte dans divers pays en développement un type de stratégies dont nous entendons simplement rappeler ici les conséquences qu'il implique au niveau de la division internationale du travail industriel.

(13) G.K. HELLEINER rapporte dans son article « Manufactured exports from less developed countries and multinational firms », *Economic Journal,* Mars 1973, qu'en 1956-68 les filiales des multinationales US qui contrôlaient moins de 10 % de la production industrielle en Amérique Latine étaient cependant à l'origine de 40 % des exportations de produits manufacturés.

Risquant, pour simplifier, l'abus de langage, nous définirons le capitalisme d'État dans son acception la plus extensive comme une stratégie de développement caractérisée par les éléments suivants :

— développement des bases nationales d'accumulation, notamment par une proportion élevée des investissements dans le secteur des biens de production ;
— existence d'un secteur productif étatique, constitué de sociétés, soit nationales soit dans lesquelles l'État est majoritaire ou dispose de minorités de blocage. Ce secteur est toujours prédominant dans les industries lourdes ;
— existence d'une technostructure étatique (qui peut être, ou ne pas être, la simple expression des intérêts de la bourgeoisie nationale) dont dépendent les décisions d'affectation des investissements dans le secteur étatique ;
— développement du secteur étatique selon les normes capitalistes. Si les décisions sectorielles d'investissement peuvent échapper à ces normes, le choix des technologies, les critères d'efficacité, les rapports de production sont pratiquement les mêmes que dans les pays capitalistes développés.

Dans leurs multiples variantes, les expériences qui relèvent du capitalisme d'État cherchent à mettre en place un processus d'accumulation qui permette aux pays où elles ont cours d'acquérir la maîtrise de l'articulation entre le secteur des biens de production et celui des biens de consommation. On comprend ainsi que certains pays cherchent à échapper à une insertion dans la D.I.T. trop exclusivement fondée sur la valorisation externe du capital mobilisé par les pays développés pour revendiquer un autre type d'insertion leur permettant d'acquérir cette maîtrise. Mais, ce faisant, ils sont soumis à divers types de contraintes qui se renforcent les unes les autres (14).

La première est celle de l'accumulation du capital nécessaire à l'investissement. Cette accumulation « primitive » accélérée ne peut être basée, comme dans les pays capitalistes à l'aube de leur développement industriel, sur

(14) Celles-ci sont particulièrement bien analysées dans le cas de l'Algérie dans le chapitre « Contradictions du modèle algérien » de l'ouvrage de M. RAFFINOT et P. JACQUENOT, *Le capitalisme d'état algérien*, Ed. Maspero, 1977.

une augmentation sensible de la productivité dans le secteur primaire. Aussi est-elle en général fondée sur l'exportation de ressources primaires, sur l'endettement ainsi que sur l'accueil, contrôle, d'investissements étrangers. On voit que cette première contrainte opère de certaines manières les choix initiaux d'investissement puisqu'une partie de ceux-ci doivent être, soit détournés au profit d'activités dégageant des surplus exportables, soit associés, dans le cadre de joint-ventures, à des investissements étrangers qui, même contrôlés, ne cadrent pas toujours forcément avec la logique du modèle initial.

La deuxième contrainte découle de la priorité aux investissements dans les industries de base et d'équipement. Il peut en résulter un frein au développement d'une consommation de masse qui, dans le modèle, est souvent présenté comme la condition nécessaire à l'élargissement de la base industrielle et à la réussite de l'articulation entre secteurs de biens de production et biens de consommation. Ce frein provient à la fois de la faiblesse relative de la création d'emplois industriels, qui se traduit aux niveaux de la distribution des revenus et de la création de la demande de biens de consommation finale, et de la lenteur, compte tenu du défaut d'investissement, de la diffusion du progrès technique dans l'agriculture tournée vers le marché interne qui entraîne également la faiblesse de la demande solvable de biens d'équipements agricoles.

La troisième contrainte est peut-être la plus importante. Elle est liée à la nature objectivement capitaliste du modèle. Le recours à des technologies, originaires pour l'essentiel des pays capitalistes développés, s'explique certes par la rentabilité sectorielle qui leur est associée, sur la base de projets, mais aussi par la volonté, ou plutôt la nécessité, de ne pas se couper des marchés extérieurs, à la fois pour pallier les déséquilibres sectoriels entre production et consommation interne des produits de base ou d'équipement et pour élargir la base d'exportations, sources de surplus, nécessaires à l'accumulation du capital ainsi qu'à l'importation de biens de consommation non produits, ou en trop faible quantité, compte tenu de la faiblesse des investissements dans ce secteur.

Ainsi, le capitalisme d'État, qui peut être considéré

comme une stratégie cohérente, compte tenu des structures sociales et de la nature des ressources existant dans un certain nombre de pays en développement, pour échapper aux formes classiques de la division internationale du travail, n'élimine pas certaines formes de dépendance qui se manifestent au niveau de la technologie et des contraintes d'exportation. Ces dépendances sont en général reconnues et assumées par les pays qui, ayant explicitement ou implicitement, adopté une telle stratégie, parient sur la réduction de ces dépendances à mesure que s'élargit la base industrielle avec des effets positifs sur la distribution des revenus, la diffusion des progrès de productivité, le développement d'une consommation de masse permettant la maîtrise du processus interne d'accumulation.

Toujours est-il qu'un tel pari, gagné ou pas, instaure un type de relations nouvelles avec les pays développés et dont ceux-ci, dans leur ensemble, ne peuvent que se satisfaire. En effet, la constitution de bases d'accumulation nationales ayant comme sous-produit à la fois l'importation de technologies incorporées dans des équipements et l'intégration d'un certain nombre de secteurs au marché mondial, ne peut que contribuer à la solution des problèmes de valorisation et d'accumulation que connaît le monde développé. Ceci est d'ailleurs bien démontré par la concurrence particulièrement dure que se livrent les pays développés pour participer, au Brésil, en Iran ou en Algérie, à la mise en œuvre des stratégies capitalistes d'État.

3. L'autonomie collective

La stratégie d'autonomie collective s'inscrit en rupture radicale par rapport aux précédentes qui sont considérées comme perpétuant les relations de dépendance vis-à-vis des pays développés. L'extraversion industrielle est vue comme un approfondissement des mécanismes de l'échange inégal qui ne permet pas d'engendrer un processus interne d'accumulation. Le capitalisme d'État est critiqué en tant qu'il engendre de nouvelles formes de dépendance en matière de technologie, de nécessité d'exportation, et donc d'ajustement à des normes de production, qui s'opposent objectivement aux plans économique et social, aux finalités dont se réclame le modèle.

La stratégie d'autonomie collective et ses conséquences éventuelles sur les relations pays développés-pays en voie de développement ne peuvent être appréciées au regard d'expériences concrètes. Il faut donc s'en tenir aux textes et à leur analyse. D'après E. Oteiza et F. Sercivic (15) cette stratégie implique :

1 — la rupture des liens de domination mis en œuvre par les pays dominants à travers leur contrôle du « système international » ;

2 — la mobilisation intégrale des ressources et capacités internes ;

3 — le renforcement des liens et de la coopération entre pays en développement ;

4 — la réorientation des efforts de développement de manière à satisfaire les besoins sociaux essentiels des populations.

Il ne nous appartient pas ici de juger de la faisabilité du point de vue des pays du Tiers monde de la mise en œuvre d'une telle stratégie. Au-delà de la disponibilité en ressources, de l'existence de capacités technologiques, c'est certainement au niveau politique dans chaque pays individuellement ainsi que d'une manière collective, que se situent les véritables problèmes de cette mise en œuvre (16).

Il est certain que la poursuite d'une stratégie d'autonomie collective — sans parler de sa réussite — est de nature à transformer profondément la nature des relations politiques et économiques entre pays développés et en développement, et ceci sur plusieurs plans.

En premier lieu, il semble qu'un des axes de cette stratégie soit fondé sur le renversement des priorités en matière d'orientation des investissements et d'accroissement de la productivité. En effet, l'accumulation primitive est recherchée à partir de progrès de productivité dans l'agriculture (et non plus à partir de l'extraction de surplus d'un secteur agricole maintenu dans des conditions de production archaïques). De telles priorités sont de nature à limiter au moins

(15) E. OTEIZA et F. SERCOVIC : *Collective self-reliance. Some old and new issues,* doc. ronéoté, Institute of Development Studies, University of Sussex, juillet 1976.

(16) Cf. A. BENACHENHOU, communication au colloque « Multinationales et Développement », IEDES, juin 1977, à paraître dans la revue *Tiers-Monde.*

pour un temps les exportations de biens d'équipement des pays développés qui accompagnent le développement d'industries lourdes. Elles réduisent ainsi l'extension aux pays du Tiers monde des bases d'accumulation des pays développés, qui se manifeste notamment par l'intégration au marché mondial d'une partie de la production de telles industries.

En deuxième lieu, la nature collective de cette stratégie a également un certain nombre de conséquences. Elle aurait pour effet de réduire les inconvénients dus aux difficultés, pour de nombreux pays du Tiers monde, à tirer parti des économies d'échelle dans de nombreux secteurs, difficultés mises à profit à l'heure actuelle par les pays développés. Par ailleurs, les matières premières échangées directement pourraient échapper aux multinationales minières qui assurent le « transit » d'un pays en voie de développement à l'autre.

En troisième lieu, l'orientation des efforts de développement vers la satisfaction des besoins sociaux essentiels entraîne le désengagement par rapport aux marchés des pays développés. Les exportations qui drainent des ressources financières et humaines non disponibles pour la satisfaction de ces besoins, cessent d'être ajustées à la demande des pays centraux et ne sont donc plus une fin en soi. On sait le rôle que jouent les firmes multinationales dans ces exportations et le profit qu'elles tirent de la valorisation internationale de leur capital. Une politique volontariste de réduction des exportations ne peut que leur être néfaste.

L'analyse du caractère conflictuel entre la stratégie d'autonomie collective et la stratégie d'extension géographique de l'aire de valorisation et d'accumulation du capital que poursuivent les pays développés pourrait être développée. Cela nous semble inutile car ce caractère conflictuel est assez clair.

Avant de conclure, il nous faut cependant remarquer que l'autonomie collective n'est pas *a priori* l'autarcie. Les tenants de cette stratégie rejettent « l'ancien ordre économique international » parce que celui-ci institutionnalisait une division internationale du travail fondée sur l'échange inégal qui ne permet pas de résoudre les problèmes du développement. L'échange en soi n'est pas rejeté, ni même les avantages comparatifs, à condition que soit mis fin aux mécanismes de l'échange inégal. Mais alors, c'est peut-être la logique même de la croissance dans les pays capitalistes développés qui peut être remise en cause.

Conclusion

Il semble clair, au terme de cette analyse que l'ordre économique international tel qu'il avait pu être défini et même institutionnalisé après la deuxième guerre mondiale rencontre ses limites. Les aspects structurels de la grave crise traversée par les pays développés poussent ces derniers à remettre en cause, aussi bien la nature des relations qui les liaient les uns aux autres que les formes de division du travail qui ont caractérisé leurs relations avec les pays du Tiers monde. Quant à ceux-ci, dans leur grande majorité, et malgré des exemples isolés de croissance industrielle rapide, leurs exigences de développement les fondent à remettre en question un ordre économique international dans lequel ils voient une cause majeure de la perpétuation de leur état de sous-développement.

De cette situation apparemment bloquée naîtront des changements qui peuvent être profonds et marquer sur une longue période la nature des relations économiques internationales. De nombreux symptômes qui précèdent les mutations sont observables.

Mentionnons pour mémoire les problèmes d'inflation, de chômage et de balance des paiements que connaissent dans leur majorité les pays développés capitalistes ; mais aussi les disparités de taux de profit entre les secteurs, entre les firmes nationales et multinationales ; les instabilités politiques dans nombre de ces pays ; les tendances larvées au protectionnisme ou à la cartellisation.

Dans les pays du Tiers monde, les blocages ne sont pas moindres, bien au contraire. La croissance industrielle orientée sur le développement des marchés des pays développés a trouvé ses limites dans la récession mondiale. Elle devient de plus en plus difficilement justifiable et les pays qui s'y sont engagés en éprouvent les conséquences et sont confrontés à des problèmes de transition vers un développement plus internalisé. Dans les pays qui, bénéficiant ou non d'un consensus populaire, se sont orientés vers un capitalisme d'État, l'émergence de certaines formes de dépendance vis-à-vis des pays développés ralentit l'élévation du niveau de vie des masses populaires par rapport à ce qui pouvait être attendu ; une telle situation est propice à la naissance ou l'accentuation de conflits sociaux et politiques internes.

De ces conditions de crise de la croissance des pays développés, de ces situations d'échec ou de difficultés qui confrontent les pays en développement, devra émerger un système de relations économiques et géopolitiques différent de celui qui a prévalu jusqu'ici. Toute la question est de savoir si ce système permettra à la fois de surmonter cette crise et de dépasser ces échecs et ces difficultés.

Pour les pays développés, nous avons vu que la stratégie de « dépassement » consistait en deux volets complémentaires : une restructuration interne et un élargissement de l'aire de valorisation et d'accumulation du capital. Une intégration plus poussée d'une partie du Tiers monde dans l'organisation de la production et des échanges est donc une condition nécessaire au succès d'une telle stratégie. Pour que cette intégration ne se heurte pas aux mêmes limites que celles engendrées par les anciennes formes de division internationale du travail, il faudra sans doute que les pays développés fassent un certain nombre de concessions aux pays en voie de développement qui peuvent le mieux servir de relais à l'extension des bases d'accumulation au niveau mondial. Ce qui est en jeu ici, c'est la création d'un système hiérarchisé « continu » qui, peu à peu, estompe la frontière entre pays développés et pays en développement les plus avancés, ce système hiérarchisé pouvant d'ailleurs être fractionné verticalement suivant les lignes de clivages qui traversent le monde développé, chaque pôle du centre cherchant à étendre son aire d'accumulation du capital en y intégrant de façon privilégiée certaines parties du Tiers monde.

Pour les pays en voie de développement, une telle avenue peut paraître prometteuse. Conscients de l'enjeu qu'ils représentent pour la mise en place d'une croissance restaurée, les pays les mieux placés peuvent chercher à arracher un certain nombre de concessions leur permettant, peut-être au détriment d'autres pays moins bien dotés, de poursuivre avec succès un processus d'accumulation capitaliste, c'est-à-dire de réussir l'équilibre entre le développement des biens de production et celui de la consommation de masse.

L'autonomie collective (à l'échelle continentale) dont on a vu qu'elle est en conflit radical avec la stratégie des pays développés resterait alors le spectre agité pour arracher de telles concessions.

3

Stratégies du nord et stratégies du sud. Quelques hypothèses pour l'Afrique

par *Alexandre Faire*

Le point de départ d'une interrogation sur les stratégies de l'Afrique et les réponses éventuelles du Nord face à ces stratégies peut être fourni par le texte « Trois familles de scénarios pour l'Afrique » (1).

La première question à laquelle renvoient ces scénarios est la suivante : dans quelle mesure et dans quelles circonstances peut-on parler de stratégie de l'Afrique et plus généralement du Sud ? On s'accordera pour penser que la notion même de stratégie implique une volonté de dépasser un état de fait, ou une évolution, jugés insatisfaisants par l'ensemble des promoteurs éventuels de ces stratégies. On ne peut donc évoquer une notion de stratégie de l'Afrique ou du Sud dans le cadre du premier scénario, qui est au contraire caractérisé par une absence de stratégie. On peut au contraire évoquer une notion de stratégie de l'Afrique ou du Sud dans le cadre du deuxième scénario. Si l'objectif est, à travers la revendication d'un nouvel ordre économique mondial, de tenter d'instaurer une nouvelle division internationale du travail, le fait que celle-ci puisse se trans-

(1) Voir ci-dessus.

former, être « récupérée », et s'avérer en définitive inégale n'ôte rien au caractère stratégique de cette tentative. Il en est de même du troisième scénario.

La deuxième question que posent ces scénarios concerne le contenu de la notion de stratégie de l'Afrique qui peut être définie à plusieurs niveaux. Il peut s'agir de stratégies de développement national qui concernent un ou plusieurs pays africains. Ces stratégies peuvent être partiellement coordonnées au niveau régional ou continental, voire intercontinental (développement des relations Sud-Sud). Il peut s'agir par ailleurs de stratégies de redéfinition des relations avec le Nord (revalorisation des matières premières, accès aux marchés du Nord, accès aux technologies, financement des investissements, contrôle des multinationales). Là aussi elles peuvent être développées au niveau national, régional, continental ou intercontinental.

Ces deux notions de stratégies ne sont pas indépendantes l'une de l'autre. D'une part, la redéfinition des relations avec le Nord est souvent préalable à la faisabilité de nouveaux modèles de développement. D'autre part, l'amorce de tels modèles peut apparaître comme nécessaire à la coordination supra-nationale, et celle-ci comme indispensable à la redéfinition des relations avec le Nord. Mais ces deux notions de stratégie portent néanmoins sur des objets différents et ne peuvent pas être confondues.

A quels niveaux peut-on considérer que s'est élaborée une stratégie de l'Afrique au cours de son histoire récente ? On peut voir se développer des stratégies nationales de luttes pour l'indépendance après la deuxième guerre mondiale qui, à partir du milieu des années cinquante, ont au moins partiellement convergé. Au début des années soixante, la réponse du Nord à ces stratégies a été l'acceptation de l'indépendance nationale, sauf dans des cas particuliers, et une tentative de mise en place de nouveaux mécanismes de contrôle compatibles avec l'indépendance politique des états.

Cette convergence des stragégies nationales au cours de la période de lutte pour la libération nationale ne se prolonge pas par une convergence des modèles de développement esquissés au cours des années soixante. Au contraire, dans chaque région africaine se mettent en place des expériences très diverses, et le contraste entre la Guinée et la Côte d'Ivoire n'a d'égal que celui qui oppose l'Algérie à la Tunisie, etc. Les tentatives de coordination entre pays ayant adopté des modèles de développement similaire, ou, au sein d'une même région, entre pays ayant adopté des modèles de développement différent, sont multiples, mais restent, au mieux, embryonnaires et fragiles.

L'échec de ces tentatives découlait-il inéluctablement de la nature des relations entre l'Afrique et le Nord instaurées après l'indépendance ? On ne saurait l'affirmer hâtivement. Mais en tout état de cause, c'est au niveau d'une modification de ces relations que s'esquisse à la fin des années soixante une stratégie du Sud dans laquelle l'Afrique est, sur plusieurs aspects, partie prenante. Ceci s'explique partiellement au moins par l'absence de convergence au niveau des modèles de développement, et par les difficultés rencontrées pour intensifier les relations Sud-Sud : les thèmes unificateurs qui peuvent être développés dans ce cadre sont alors en petit nombre.

Où en est cette stratégie ? Quelle sera, quelle est la réponse du Nord ? L'objet de ce texte est de montrer qu'elle ne saurait être résumée par la simple dichotomie conflit-coopération. Il s'agit au contraire d'une réponse différenciée, intégrant des éléments des trois scénarios évoqués ci-dessus. Elle ne peut pas être considérée dans l'abstrait, mais doit au contraire être définie dans son contexte qui est celui de la crise de l'économie mondiale et de ses issues possibles. Cette réponse du Nord représente aussi, dans la dialectique lutte-récupération qui caractérise l'évolution des relations Nord-Sud, le passage d'une période (1973-1976) globalement marquée par la lutte, à une période globalement marquée par la récupération. Le Sud, l'Afrique, voient leurs stratégies menacées de dislocation. La réponse du Nord appelle donc en définitive une redéfinition des stratégies du Sud.

Le contexte de la crise

Il n'est pas nécessaire de rappeler ici dans le détail les origines de la crise de l'économie mondiale qui s'est ouverte à la fin des années soixante, les étapes de son déroulement, ou ses issues possibles (2). Il est néanmoins utile d'en rappeler les grandes lignes.

La destruction massive du capital au cours de la deuxième guerre mondiale a mis à l'ordre du jour, à la fin de cette guerre, l'impératif de reconstruction des appareils productifs du centre. Cette reconstruction, effectuée sur des bases technologiques plus avancées que celles de l'avant-guerre (mise en application progressive des innovations technologiques issues de l'effort de guerre), accompagnée d'une reconstitution des investissements nécessaires à la reproduction de la force de travail (éducation, santé, logement, transports, etc.) et leur élargissement à de nouvelles couches sociales (développement des biens de consommation de masse tels que l'automobile, les équipements ménagers etc...) a été le moteur d'une première période de croissance rapide de caractère *extensif,* qui a duré jusqu'à la fin des années cinquante.

Cette croissance rapide s'est prolongée au cours des années soixante par une phase de croissance progressivement de plus en plus *intensive,* basée sur la substitution de capital au travail plutôt que sur la croissance rapide de la force de travail elle-même. Cette phase intensive a commencé à connaître, dès le milieu des années soixante pour les États-Unis, au début des années soixante-dix pour l'ensemble du capitalisme central, ses limites intrinsèques :

— réalisation des tendances structurelles à la suraccumulation et la baisse du taux de profit,

— impossibilité de contrecarrer durablement ces tendances par une redistribution des revenus et, plus généralement, par l'élargissement des marchés, selon les mêmes tendances que celles qui avaient présidé à cet élargissement pendant les années cinquante et soixante.

Dans une première étape (fin des années soixante et jusqu'en 1973), la généralisation des processus inflationnistes dans les pays du centre a permis d'éviter un coup d'arrêt brutal à la croissance et de remettre à plus tard les mutations et restructurations exigées par l'approfondissement progressif de la crise.

(2) Voir à ce sujet S. AMIN, A. FAIRE, G. MASSIAH, M. HUSSEIN, *La Crise de l'Impérialisme,* Éditions de Minuit, 1975.

Mais la généralisation de ces processus inflationnistes a connu elle-même ses limites, marquées par les instabilités monétaires, les risques croissants encourus par les institutions financières nationales et internationales, les ripostes des couches salariées du Nord et des pays du Tiers monde à l'érosion de leurs revenus, qui ne pouvaient être contenues que par une accélération de l'inflation, etc.

C'est pourquoi un coup d'arrêt brutal à la croissance, première étape d'une tentative de restructuration du capitalisme mondial est donné en 1974. Quelles sont les grandes lignes de cette restructuration ? Pour le voir, il faut revenir avec plus de précisison sur les modalités de déroulement de la crise structurelle du capitalisme mondial.

1. Premières manifestations : les contradictions inter-centres

On a déjà noté une divergence, dès le milieu des années soixante, entre le comportement de l'économie américaine d'une part, et celui des économies européennes et japonaise d'autre part. L'économie américaine n'est pas détruite par la guerre et se reconvertit plus rapidement. Elle atteint, dès le milieu des années cinquante (en fait après le boom de la guerre de Corée), sa phase de croissance intensive, qui ne se prolonge au-delà de 1966 que par l'intensification de l'intervention américaine en Asie du Sud-Est et le recours à l'inflation. La composante extensive de la croissance des économies européennes et japonnaise reste plus forte tout au long de cette période — période de reconstruction nécessairement plus longue, présence en Europe du Sud et au Japon, en particulier, de larges secteurs prémonopolistes dans l'agriculture, le commerce, l'industrie, offrant, au fur et à mesure de leur destruction-intégration, des débouchés aux secteurs monopolistes et permettant des gains importants de productivité — et leur assure une croissance plus soutenue. On assiste donc à un « rattrapage » progressif de l'économie américaine par les économies européenne et japonaise, auquel participent d'ailleurs les firmes multinationales américaines qui s'implantent massivement en Europe dès le début des années soxiante et contribuent, de par leurs excellentes performances, à relever le taux de profit moyen du capital américain.

Les tendances à la suraccumulation capitaliste au niveau mondial apparaissent donc aussi, en raison de ces situations objectives différentes comme la contestation d'une suprématie industrielle américaine, bien établie pendant les années cinquante, par de « nouveaux » concurrents européens et japonais disputant leurs débouchés aux capitaux américains. La hiérarchie associée à la division internationale du travail capitaliste, réservant dans les années cinquante les domaines technologiques nouveaux aux États-Unis, commence à être remise en cause par les industries de pointe européennes et japonaises, et ceci d'autant plus qu'aucune grande découverte technologique, comparable à celle du chemin de fer, de l'automobile, de l'ordinateur, du nucléaire, ne vient compenser l'épuisement des applications de celles qui avaient leur origine dans l'effort scientifique de la deuxième guerre mondiale (3). A la fin des années soixante, on voit se profiler, en tendance, un monde multipolaire comportant quatre centres équivalents du point de vue de la division internationale du travail : États-Unis, Europe, Japon U.R.S.S. (4).

Ces centres comporteraient chacun, selon ce schéma, une gamme industrielle complète, allant des industries les plus avancées aux industries les plus banalisées. Concurrents entre eux sur l'ensemble des marchés internationaux, ils se constitueraient ou consolideraient chacun une *« zone d'influence »* — l'Amérique Latine pour les États-Unis, une large partie de l'Afrique et du monde méditerranéen pour l'Europe, le Sud-Est asiatique pour le Japon — au sein de laquelle s'établirait et se développerait une division du travail hiérarchique : technologie avancée pour les centres,

(3) Sans analyser ce phénomène de plus près, on doit souligner ici que cet essouflement technologique n'est pas un essouflement du rythme des découvertes scientifiques mais celui de leur transformation en innovations technologiques, puis de leur diffusion dans l'appareil productif. Une analyse plus approfondie mettrait en lumière que ces limites ont un caractère économico-social (impossibilité d'utiliser ces découvertes scientifiques pour les traduire en innovations technologiques permettant de développer la consommation individuelle), et non scientifique. Ces limites sont bien celles des rapports de production et non des forces productives, à condition de ne pas identifier le progrès de ces dernières à ceux de technologies qui restent dominées par les rapports de production.

(4) *La crise de l'Impérialisme*, op. cit.

industries d'import-substitution et d'exportation de produits banalisés pour les périphéries. Petit à petit, les échanges intra-zones viendraient à primer sur les échanges inter-zones. L'affirmation de ces tendances objectives vient progressivement provoquer le dérèglement des superstructures internationales qui ne leur sont pas adaptées, tant elles portent la marque de l'hégémonie américaine de la période de leur mise en place (système monétaire international, orientation des accords commerciaux, institutions internationales). En filigrane, de nouvelles superstructures internationales adaptées à ce monde multipolaire commencent à apparaître, et devraient, selon ce schéma, se transformer en mécanismes d'arbitrage régulant exclusivement les relations inter-zonales. Il n'est pas un domaine jusqu'à l'organisation des forces militaires, avec la création d'un embryon de puissance nucléaire européenne par exemple, qui échappe à la fin des années soixante à cette orientation.

2. Le rôle actif du Tiers monde

Ce n'est pourtant pas cette nouvelle division internationale du travail, ce monde multipolaire, qui émergeront — à moins de ruptures radicales (5) — de la crise de l'économie mondiale. L'entrée en action de deux forces — les travailleurs des centres capitalistes, les pays dominés — révélera en effet le caractère profond de la crise structurelle que nous avons déjà évoqué, au-delà des contradictions inter-centres qui ont provoqué ses premières manifestations (crises monétaires par exemple). Les travailleurs des centres capitalistes, aux États-Unis, au Japon, mais souvent en Europe (France, Italie, Grande-Bretagne notamment), réagissent vigoureusement aux premières poussées inflationnistes qui sont transmises à partir des États-Unis à la fin des années soixante, à travers le déficit de la balance des paiements américain, et en raison du rôle privilégié du dollar dans le système monétaire international. Leurs revendications portent d'ailleurs sur le partage des fruits de la croissance, dont ils n'ont que faiblement tiré parti au cours de la période précédente d'accumulation intensive. Les couches

(5) En Europe du Sud par exemple.

les plus exclues de ce partage — jeunes, immigrés, ouvriers peu qualifiés — se trouvent d'ailleurs être les plus combatives et remettent aussi en cause la hiérarchie dans l'entreprise, les conditions de travail, etc. Contenir ces forces, puissantes dans une situation de plein emploi, impose, en raison de tendances affirmées à la baisse du taux de profit, une accélération de l'inflation. La poussée inflationniste est, au début des années soixante-dix, généralisée et non plus essentiellement cantonnée à ce qui était auparavant son unique source, l'écononomie américaine. Enfin, cette redistribution massive de revenus, arrachée par les classes travailleuses européennes à la fin des années soixante, ou octroyée par l'administration américaine pour assurer sa réélection en 1972, est à l'origine d'un boom mondial sans précédent en 1973.

L'année 1973 est celle de l'entrée en action, spectaculaire elle aussi, des pays du Tiers monde. Il y a à cela des raisons plus ou moins immédiates :

— l'inflation a progressivement aggravé, au cours des années soixante, la détérioration des termes de l'échange des pays dominés. Les plans de développement sont de plus en plus compromis, au fur et à mesure que la contrainte de l'équilibre des paiements devient plus serrée.

— le boom mondial provoque un accroissement massif de la demande mondiale de matières premières. Le rapport de forces des pays dominés est favorable, surtout dans un contexte de contradictions inter-impérialistes aiguës.

Mais il ne fait pas de doute que les raisons déterminantes de cette intervention sont plus profondes ;

— après une dizaine d'années d'expérience de l'indépendance politique de nombreux pays du Tiers monde, il devient clair que cette indépendance n'a pas réalisé les espoirs qui y avaient été investis. L'échec d'une décennie de développement est d'abord un échec ressenti par les masses populaires du Tiers monde — masses rurales, chômeurs ou sous-employés urbains — puis au niveau même des couches dirigeantes des pays du Tiers monde, qui réalisent qu'il est difficile de voir les tendances qui ont eu cours continuer à se développer dans le même contexte.

— la nécessité de rechercher des alternatives est encouragée par l'existence d'expériences, même partielles, qui sont considérées comme comportant des éléments positifs. L'expérience soviétique d'industrialisation lourde, l'expérience chinoise de développement équilibré ont des échos en Afrique même. Il en est de même de la lutte de libération des peuples de la péninsule indochinoise qui démontre à l'ensemble de l'opinion publique arabe, ainsi qu'aux mouvements de libération d'Afrique australe, que la victoire est possible. Les antécédents de résistance à la domination et l'exploitation n'ont d'ailleurs pas manqué en Afrique pendant les guerres coloniales, et tout au long du XXe siècle. Ils deviennent de plus en plus des références.

Ainsi, la liaison entre la guerre d'octobre au Moyen-Orient et la hausse des prix du pétrole est directe et explicite. Cette hausse des prix du pétrole s'inscrit d'ailleurs dans le prolongement de revendications des pays dominés qui datent des années soixante, période à partir de laquelle les prix des matières premières exportées par le Tiers monde ont commencé à connaître une baisse prolongée en termes réels. Et l'O.P.E.P. servira d'exemple à des tentatives de constitution ou de consolidation d'associations de pays du Tiers monde exportateurs de matières premières : C.I.P.E.C., I.B.A., Phosphates, A.P.E.F., etc.

3. La stratégie du Sud

C'est dans cette conjoncture que se définit véritablement et se consolide une stratégie du Sud, face à un Nord divisé non seulement en bloc occidental et bloc soviétique, mais aussi traversé par les contradictions opposant les États-Unis au second monde (Europe-Japon).

Quelle est cette stratégie ? Elle est d'abord formulée en termes globaux au cours de la 6e session extraordinaire de l'Assemblée Générale des Nations Unies : il s'agit de négocier avec les États-Unis, l'Europe et le Japon une redéfinition de certains mécanismes de fonctionnement du marché mondial capitaliste. Ces négociations mobilisent l'ensemble des institutions internationales, et plus particulièrement la C.N.U.C.E.D., l'O.N.U.D.I., le G.A.T.T., et le Fonds

Monétaire International. Une instance particulière coordonnant l'ensemble de ces négociations est instituée : la Conférence pour la Coopération Internationale siégeant à Paris. Il est inutile de rappeler le détail de ces négociations. Il suffit de rappeler les principales revendications du Tiers monde ;

— la définition d'un mécanisme d'indexation du cours des matières premières exportées par le Tiers monde pour tenir compte de l'inflation mondiale ; ou à défaut de ce mécanisme, l'institution d'un fonds global de stabilisation du cours de ces matières premières.

— la modification des règles monétaires internationales dans un sens propre à alléger le fardeau de la dette en devises des pays du Tiers monde, soit par une modification des règles d'attribution des D.T.S., soit par une négociation globale des délais de remboursement de cette dette (proposition d'un moratoire).

— la modification de la réglementation du commerce international ouvrant plus largement l'accès — non réciproque — des marchés centraux aux produits agricoles et industriels du Tiers monde, et ceci en vue d'atteindre notamment les objectifs fixés par la Conférence Générale de l'O.N.U.D.I. en 1975 : 25 % de la production industrielle en l'an 2 000 dans le Tiers monde.

— la définition de réglementations ou de codes de bonne conduite concernant l'activité des firmes multinationales dans le Tiers monde, les transferts de technologie, et de manière ultime, la reconnaissance du droit à la nationalisation des biens étrangers.

— le renforcement de l'aide des pays développés au développement du Tiers monde — et notamment de l'aide alimentaire aux pays les plus pauvres — et l'évolution de cette aide vers une aide multilatérale non liée.

Parallèlement à ces revendications globales qui ont fait l'objet de négociations générales, une série de négociations partielles se sont poursuivies et parfois conclues, dont la plus importante est sans doute la Convention de Lomé, signée le 28 février 1975 par la C.E.E. et 46 États d'Afrique, des Caraïbes et du Pacifique.

Parallèlement aussi, dans une série d'enceintes propres au Tiers monde (groupe des 77, groupe des non-alignés, conférences afro-arabes), sont définies les modalités d'un renforcement des relations internes à celui-ci, et les initiatives d'aide des pays de l'O.P.E.P. aux pays du Tiers monde non exportateurs de pétrole se multiplient. Mais il ne fait pas de doute que l'essentiel de la stratégie du Tiers monde est consacrée au dialogue Nord-Sud plutôt qu'à la consolidation des relations Sud-Sud.

Il faut souligner que cette négligence des relations Sud-Sud est un des indices, mais non le seul, de divergences au sein du Tiers monde, évoquées ci-dessus (modèle de développement, coordination supra-nationale). Elles finissent par se traduire par des divergences quant à la formulation exacte de la stratégie de négociations avec le Nord, recouvrant des divergences quant aux méthodes à utiliser, aux risques à prendre, et en définitive aux objectifs à atteindre. Et en tout état de cause, l'absence de préparation d'une *alternative* à la réussite de la négociation avec le Nord accentuera ces divergences et compromettra en conséquence la réussite de cette négociation elle-même. Mais ces divergences ne sont pas apparentes au départ, et la tendance à l'unité l'emporte largement.

Cette intervention du Tiers monde dans la crise aura des conséquences importantes. Elle représente d'abord et clairement une victoire du Tiers monde, une étape importante dans la transformation du contexte international défavorable où il est inséré.

Toutefois, elle n'est pas neutre par rapport à l'évolution des conflits entre capitalismes centraux qui opposent les États-Unis d'une part à l'Europe et au Japon de l'autre. En un mot, elle entraîne une résolution de ces conflits au profit des États-Unis, elle arrête brutalement les tendances à la mise en place d'une division internationale du travail multipolaire, elle substitue à ces tendances d'autres qui permettent de dessiner les grandes lignes d'une nouvelle division internationale du travail, elle aussi différente de celle qui avait cours pendant les années soixante. Enfin, elle se traduit, à travers la reconstitution d'un leardership américain sur l'ensemble du monde capitaliste, par le renforcement de la résistance centrale aux revendications périphériques. En bref, le Nord, divisé avant 1973, est aujourd'hui unifié pour négocier en meilleure position avec le Tiers monde.

La réponse du Nord

Quels sont les éléments qui ont permis un tel renversement de situation ?

— la hausse des prix du pétrole affecte de manière plus importante la balance des paiements des pays européens (et en particulier ceux de l'Europe du Sud) et du Japon que celle des États-Unis. Ainsi, les excédents des paiements des pays européens et du Japon se retrouvèrent transférés dans les pays de l'O.P.E.P. (6).

— ce sont les États-Unis, l'Allemagne et le Japon qui récupèrent à travers leurs exportations croissantes vers les pays de l'O.P.E.P., la majeure partie de ces excédents. De plus, des masses importantes de pétro-devises sont « recyclées » aux États-Unis ou sur le marché de l'euro-dollar (ce qui est équivalent du point de vue de la balance des paiements américaine), permettant une stabilisation du dollar et la réaffirmation de son rôle privilégié — de facto — dans le système monétaire international, même si l'accord de la Jamaïque transforme des D.T.S. en monnaie de réserve *de jure*. Ainsi c'est en Europe, et en particulier en Europe du Sud et en Grande-Bretagne et non plus aux États-Unis, que la croissance industrielle devient, pour ce qui concerne le Nord, la plus clairement limitée par la contrainte de l'équilibre des paiements.

— les États-Unis apparaissent comme les seuls suscepti-

(6) Il faut noter la structure particulière du problème des approvisionnements énergétiques américains. Les réserves nationales de pétrole et de gaz à faible prix de revient, utilisées depuis le début du XXe siècle, sont pratiquement épuisées à la fin des années soixante. D'autres réserves nationales existent, mais pour des prix de revient beaucoup plus élevés. Ne pas les utiliser, importer donc de plus en plus de pétrole moyen-oriental notamment, risque de déséquilibrer massivement la balance des paiements américaine de manière permanente. Les utiliser dans des conditions normales de rentabilité implique une hausse significative des prix du pétrole sur le marché mondial que les États-Unis ont encouragé entre 1970 et l'été 1973. Les hausses de la fin 1973 sont par contre trop fortes, car l'indépendance énergétique américaine ne peut être réalisée avant le début des années 80. D'ici là, il faut en tout état de cause importer des quantités croissantes de pétrole, de gaz, et des prix élevés pèsent, tout au long de cette période, sur la balance des paiements américaine. D'où l'opposition des États-Unis aux hausses des prix pétroliers de la fin 1973, et les caractéristiques de leur stratégie énergétique, reprise par l'Agence Internationale de l'Énergie : retour à un prix plancher, significativement inférieur au prix 1974 mais aussi très supérieur au prix réel de 1970 ; élévation progressive à partir de ce prix plancher par la suite.

bles d'imposer une limite — en raison de leur influence politique et de leur puissance militaire — aux succès du Tiers monde et un maintien des principes fondamentaux du libre échange. Le Japon et l'Allemagne, dont le rôle en Europe se trouve considérablement renforcé par la crise, y sont particulièrement sensibles. Il faut ajouter à ces éléments l'instabilité politique créée, en Europe du Sud principalement, par le changement brutal d'un contexte de croissance rapide, même si elle est inflationniste, à des perspectives durables de croissance très modérée, voire de stagnation, accompagnées d'un développement significatif du chômage. Là aussi, les États-Unis apparaissent comme le seul garant ultime contre cette instabilité. Les problèmes posés aux industriels européens par une concurrence américaine souvent jugée déloyale — en raison des pressions politiques diverses qui l'accompagnent — passent alors au second plan. C'est le compromis qui est recherché plutôt que la confrontation qui était souvent la règle pendant les années soixante. L'industrie européenne ne se construit plus indépendamment de l'industrie américaine, voire en opposition avec elle, mais prioritairement en alliance avec l'industrie américaine.

C'est là une des tendances essentielles de la nouvelle division internationale du travail — post 1973 — qui, on le voit, est radicalement différente des tendances à la multipolarité. Elle concerne principalement les industries de pointe : armement, informatique, aérospatiale, nucléaire, chimie, etc... Les secteurs les plus avancés de ces industries sont progressivement réservés aux États-Unis, et dans une moindre mesure à l'Allemagne et au Japon (7).

L'Italie, la Grande-Bretagne, et surtout la France, qui tendaient à se présenter comme concurrentes des États-Unis dans ces domaines au courant des années soixante, et qui y avaient consacré des investissements importants, sont progressivement transformées en partenaires minoritaires, et souvent en sous-traitants ; et en tout état de cause, les

(7) Des contradictions apparaissent déjà à ce niveau entre les États-Unis, le Japon et surtout l'Allemagne Fédérale. Elles seront amenées à se développer. Mais pour les court et moyen termes elles restent largement secondaires devant la nécessité, commune, de contenir les luttes de classes en Europe du Sud et les revendications du Tiers monde.

investissements nécessaires à la prolongation d'une stratégie indépendante dans ce domaine ne sont pas disponibles.

1. *La délocalisation industrielle*

L'autre tendance principale de la nouvelle division internationale du travail est la « délocalisation », ou migration de certaines branches ou sous-branches industrielles vers les pays du Tiers monde, ou tout au moins certains d'entre eux. Cette tendance était, elle, largement présente pendant les années soixante. Nous voulons ici souligner que le développement de la crise structurelle de l'économie mondiale a considérablement renforcé cette tendance, et introduit aussi de nouvelles incertitudes quant à son développement.

Précisons d'abord, en un mot, les bases objectives de cette tendance. Elles peuvent être rattachées à l'épuisement des innovations technologiques majeures dans les centres. Dans les centres il y a de moins en moins de marchés en croissance rapide ouverts à de nouveaux produits, se substituant à des produits anciens, ou satisfaisant des besoins solvables qui n'étaient pas encore satisfaits. La concurrence entre grands groupes industriels n'est plus, comme dans les années soixante, principalement orientée vers l'appropriation de ces marchés en croissance rapide, par le moyen de nouvelles expériences industrielles. La priorité passe par la concurrence sur un marché en croissance lente, ou en stagnation, pour des produits relativement stabilisés, banalisés, fabriqués par des techniques relativement stabilisées et banalisées.

La concurrence devient principalement une concurrence par les coûts, les groupes industriels ayant les coûts de production les plus faibles étant les seuls à pouvoir espérer élargir leurs marchés aux dépens des autres groupes. Dans la perspective limitée, mais pertinente du point de vue des entrepreneurs privés, des avantages comparatifs, c'est dans les pays du Tiers monde que ces coûts sont minimisés pour beaucoup de branches ou de sous-branches. La priorité accordée à la minimisation des coûts se traduit par la recherche plus systématique des localisations optimales et donc par une tendance à la localisation de certaines branches ou sous-branches dans le Tiers monde. Un facteur permissif joue dans le même sens : la standardisation des techniques de production qui permet d'utiliser une main-d'œuvre ayant une expérience industrielle limitée.

Pour quelle raison la crise de l'économie mondiale a-t-elle renforcé cette tendance ? Elle a d'une part contribué à lever les obstacles à son élargissement aux industries de base (sidérurgie, pétro-chimie de base, premières transformations des minerais). Car si les groupes industriels ont entrepris, dès les années soixante, de délocaliser une partie de leur production dans le Tiers monde, il s'agissait essentiellement, et sauf pour les investissements miniers, de productions nécessitant des investissements réduits. Et, en effet, aux constats de compétitivité de localisations d'industries lourdes dans le Tiers monde étaient opposés, dans la pratique sinon dans le discours, des arguments concernant les risques de nationalisation.

La hausse des prix du pétrole, celle d'autres matières premières, met entre les mains des pays producteurs des capitaux qui peuvent être consacrés au développement de certaines industries lourdes, indépendamment des réticences des capitaux du Nord. L'aide accordée par les pays producteurs à d'autres pays du Tiers monde contribue à élargir cette tendance. Enfin, la hausse des prix du pétrole et d'autres matières premières renforce les processus de différenciation à l'intérieur du Tiers monde, et y fait apparaître de nouveaux îlots de croissance industrielle accélérée (l'Algérie, l'Iran par exemple), pouvant *a priori* laisser penser qu'en conséquence la stabilité politique peut y être assurée de manière durable. Dans ces conditions, les réticences des capitaux du Nord peuvent être parfois surmontées, par exemple dans les formules d'association avec les capitaux d'état des pays concernés.

L'apprentissage de ces formules d'association se poursuit dans des domaines et sous des formes diverses. Dans le domaine pétrolier et minier par exemple, la propriété juridique des gisements n'est souvent plus considérée comme un préalable par les capitaux du Nord. D'autres formules sont expérimentées et non seulement tolérées en dernier ressort lorsque les formules précédentes sont devenues impossibles : contrôle technologique (transformation des sociétés précédemment exploitantes en prestataires de services et en fournisseurs de biens d'équipement), commercial (mise en concurrence des propriétaires de gisements) etc... Ces formules ne se limitent d'ailleurs pas nécessairement à l'extraction exclusivement, mais peuvent éventuellement être étendues à la valorisation sur place des matières premières concernées. Du point de vue des investisseurs du Nord, le risque d'expropriation est limité du fait de l'association avec d'autres capitaux et du fait de la nécessité pour les capitaux d'état locaux d'être rentabilisés en trouvant un débouché sur le marché mondial.

La crise a, d'autre part, encore accentué les tendances à la délocalisation dans les industries légères. Qu'il s'agisse d'unités de production de produits banalisés contrôlées par les groupes multinationaux (sous-branches de l'électronique, de l'automobile, de la mécanique de précision ou de l'optique) ou appartenant aux secteurs non monopolistes de l'industrie du centre (textile, habillement, cuirs et chaussures, bois et ameublement, imprimerie, et dans une mesure, pâte à papier et papier), la relative stagnation des marchés centraux, provoquée par la crise, rend considérablement plus sévère la concurrence par les coûts. Ainsi, l'industrie électronique, qui avait implanté des usines de composants dans les zones les moins industrialisées de l'Europe (Ouest et Sud-Ouest français, Irlande, Espagne, etc.) n'envisage plus d'extensions dans ces zones, mais plutôt dans certains pays du Tiers monde où le coût de la main-d'œuvre est encore plus faible. Ainsi, l'industrie textile européenne qui avait pu, dans un autre contexte, résister au mouvement de délocalisation par un effort de substitution de capital au travail n'est plus en mesure de poursuivre cet effort. La voie est donc, *a priori*, plus largement ouverte au Tiers monde.

Enfin, sur la base de la croissance de la production agricole minière, des exportations industrielles, les industries de substitution à l'importation peuvent prolonger leur croissance ; ou encore, et au fur et à mesure de la croissance des besoins industriels et des revenus solvables, trouver de nouveaux débouchés.

Le tableau n° 1 présente, d'une manière schématique, les caractéristiques et tendances des différentes formes de la division internationale du travail que nous avons évoquées ci-dessus : a) la division internationale du travail des années soixante, b) la division internationale multipolaire, c) la nouvelle division internationale du travail — post 74.

On remarque que les différences les plus importantes entre la division internationale du travail prévalant au cours des années soixante et la nouvelle division internationale du travail concerne le « partage » des industries qualifiées comme intermédiaires, entre les pays de l'Europe du Sud et la Grand-Bretagne, d'une part, et les pays du Tiers monde détenteurs de capitaux — tout au moins certains d'entre eux — consécutivement à la hausse des prix des matières premières, d'autre part. Plus généralement, ce qui est nouveau, c'est précisément une nouvelle concurrence, élargie, concernant ces industries, le monopole du Nord, et en l'occurrence des États-Unis et, dans une moindre mesure, de l'Allemagne et du Japon, étant consolidé, mais limité aux seules industries de pointe. En somme tout se passe comme si cette nouvelle division internationale du travail allait, d'une part et dans une certaine mesure, dans le sens des revendications du Tiers monde concernant son industrialisation, liées à celle qui sont relatives à un nouvel ordre économique mondial ; et, d'autre part, dans le sens des intérêts américains de voir le monopole de leurs industries de pointe consolidé, et de voir leurs concurrents les plus directs dans ce domaine — la France en particulier — soumis à leur tour à la concurrence de certains pays du Tiers monde dans les industries « intermédiaires » du point de vue de leurs technologies, qui constituent les principales sources d'accumulation du capital nécessaire à l'investissement dans les industries de pointe.

Il y a là une apparente convergence, loin d'être fondamentale, mais qui représente néanmoins une réalité, entre les revendications du Tiers monde telles qu'elles sont souvent formulées et les intérêts propres des États-Unis, qui recoupe celle qui a été souvent notée à propos de la hausse des prix du pétrole en 1973, qui recoupe aussi celle qui s'est fait jour pendant les années cinquante autour de la la lutte pour la liquidation du colonialisme franco-britannique.

Dans les conjonctures où elle s'est formée, cette coalition d'intérêts immédiats a toujours été gagnante, et l'opposition des « ancienne puissances impériales » a toujours été vaincue. Dans la mesure où la crise a déjà réinstauré le leadership américain dans le monde occidental, on pourrait

TABLEAU 1

Schéma des tendances de la division internationale du travail

	U.S.A			R.F.A. Japon			France Grande-Bretagne Italie			Iran, Algérie Mexique Espagne Grèce etc...			Reste du Tiers monde		
	1	2	3	1	2	3	1	2	3	1	2	3	1	2	3
Industries de pointe	xx	xx	xxx	x	xx	xx	xx	xx	x						
Biens d'équipement	xx	xx	x	xx	xx	xx	x	xx	x						
Intermédiaires (acier, pétrochimie)	x	x	x	x	x	x	xx	x	x	x	xx	xx		x	xx
Banalisés (Textile, cuirs composants électroniques)				x	x		x	x		x	x	x	x	xx	xxx

Légendes : 1 : D.I.T. « 1960 ». 2 : D.I.T. Mutipolaire. 3 : Nouvelle D.I.T.

alors penser que rien ne s'oppose plus à un mouvement important de délocalisation industrielle vers les pays du Tiers monde, concernant l'ensemble des branches industrielles, à l'exception des industries de pointe.

2. Les négociations globales

On pourrait donc penser que l'action des pays du Tiers monde et la stratégie de négociation globale avec le Nord ont permis de renforcer les probabilités d'accélération de la croissance industrielle dans le Tiers monde, en confortant une tendance à la délocalisation qui s'était manifestée spontanément depuis les années soixante.

Indépendamment des réflexions que doit susciter le contenu de cette croissance industrielle et ses effets possibles sur le développement, on doit constater qu'elle va dans le sens de l'une des revendications formulées par le Tiers monde en 1974. Elle est d'ailleurs confortée par l'adoption du système de préférences généralisées et à sens unique par la C.E.E. (Convention de Lomé) et progressivement, pour certains pays, par les États-Unis. Mais qu'en est-il des autres revendications ?

Des progrès partiels ont été enregistrés sur certains fronts : ainsi un fonds important d'aide alimentaire aux pays du Tiers monde a été créé, la Convention de Lomé comporte un mécanisme de stabilisation des recettes d'exportation des 46 pays A.C.P. vers l'Europe pour une douzaine de produits, etc.

Mais on doit constater un échec des négociations globales sur les deux principaux fronts : celui de la dette, celui des matières premières.

En ce qui concerne la dette des pays du Tiers monde, on doit d'abord noter que son financement depuis 1973 a été de plus en plus assuré par le système bancaire privé, notamment à travers le marché des euro-dollars plutôt que par les fonds publics, nationaux ou internationaux. Les conditions de ce financement sont évidemment beaucoup moins favorables, et surtout, le système bancaire n'est pas en mesure de prendre les risques de l'étendre indéfiniment. L'intervention des états du Nord et des institutions internationales s'avère nécessaire. Sur ce plan, les pays du Nord, malgré certaines divergences, ont opposé un refus aux propositions concernant essentiellement un maintien des procédures bilatérales (clubs de créditeurs pour un débiteur donné) ou l'extension des capacités de prêts de F.M.I. (auxquelles doivent contribuer les pays de l'O.P.E.P.) accordés, on le sait, sous réserve d'engagements précis du pays emprunteur.

En ce qui concerne les matières premières, les renvendications concernant l'indexation de leurs cours sur l'inflation mondiale ont aussi été rejetées par le Nord. Un compromis est formulé au cours de la C.N.U.C.E.D. IV (mai 1976) prévoyant la mise au point d'un système d'accords par produits et un fonds commun pour le financement d'un stock régulateur. Ce dernier point, représentant le seul aspect novateur, n'a été adopté qu'avec les réserves expresses de certains pays dont les États-Unis et la R.F.A., et il a été ensuite remis en cause par ces mêmes pays au cours des sessions de la Conférence pour la Coopération Internationale. On s'oriente à l'heure actuelle vers un système d'accords par produits et sans doute la constitution d'un fonds commun faisant le lien entre diverses matières premières mais dont on peut questionner, en raison de sa faiblesse, l'éventuelle efficacité.

Ce qui semble encore plus caractéristique de l'évolution du rapport des forces depuis 1974, c'est l'échec relatif des associations de pays producteurs. Qu'il s'agisse du C.I.P.E.C. ou de l'I.B.A., l'unité face aux pays consommateurs n'a pas résisté aux pressions du Nord sur tel ou tel autre pays membre, faisant partie ou non du Tiers monde. L'O.P.E.P. même, dont l'action en 1973 avait, rappelons-le, ouvert la négociation sur le nouvel ordre économique mondial, s'est scindée en deux en décembre 1976, l'Arabie Séoudite et les Emirats Arabes refusant d'accepter les propositions de hausse avancées par les autres pays membres.

Le processus de division de l'O.P.E.P. est intéressant à analyser car significatif. Le pouvoir d'achat du pétrole ayant diminué en raison de l'inflation mondiale, les pays de l'O.P.E.P. ayant engagé des plans de développement importants en 1974 ont cherché à obtenir une revalorisation de ce pouvoir d'achat ; et ceci d'autant plus que la stagnation de la demande pétrolière mondiale résultant a ainsi agi dans le sens d'une diminution des recettes pétrolières. Une hausse de prix dans ce contexte posait immédiatement le problème de répartir des réductions de production, et nécessitait donc une consolidation de l'O.P.E.P. et une nouvelle confrontation avec les pays producteurs. C'est l'inverse qui s'est produit en raison d'une part du contexte de stagnation de la demande mondiale et d'autre part des relations particulières entre les États-Unis et l'Arabie Séoudite qui excluaient une nouvelle confrontation.

L'Arabie Séoudite, dont la position au sein du monde arabe a été renforcée par sa puissance financière et son intervention politique dans le conflit libanais a marqué son droit de veto *de facto* sur toute décision de l'O.P.E.P. De ce fait, et en raison des relations particulières américano-séoudiennes, le prix du pétrole n'est plus fixé unilatéralement par l'O.P.E.P., mais négocié *de facto* avec les États-Unis et le Nord.

Est-ce à dire que l'on doit s'attendre à une scission définitive de l'O.P.E.P. ? Rien n'est moins certain. Mais l'O.P.E.P. a été transformée *de facto* en structure de négociation au sein de laquelle les intérêts des pays consommateurs sont indirectement mais aussi clairement représentés que ceux des pays pétroliers. *Ce résultat ayant été obtenu*, les États-Unis, qui avaient manifesté à plusieurs reprises leur opposition catégorique à toute hausse de prix du pétrole depuis 1974 font à nouveau valoir les arguments en faveur d'une hausse « raisonnable » de prix à moyen terme. Le nouveau rôle et le nouveau rapport de forces interne à l'O.P.E.P. peuvent être consolidés sur ces bases.

On ne peut donc pas affirmer que la réponse du Nord à la stratégie de négociation globale du Sud ait été une réponse entièrement « négative » de retour pur et simple au *statu quo ante*. Sur un certain nombre de revendications concrètes, les compromis ont été et seront sans doute trouvés, souvent très éloignés des revendications initiales du Tiers monde. Mais la réponse du Nord a surtout eu pour objet, en refusant de s'engager sur des négociations globales, à fractionner le front du Tiers monde et en définitive, à lui faire progressivement perdre le pouvoir de négociation acquis en 1974.

Des réformes partielles des mécanismes d'encadrement du marché mondial capitaliste sont alors concédées. Mais pour empêcher que ce front ne se reconstitue, chacune de ses réformes met aussi en place des processus de différenciation et de division au sein du Tiers monde.

Ces processus de différenciation et de division étant mis en place, le contenu des réformes peut alors être ajusté, le Tiers monde ayant perdu une partie du rapport de forces nécessaire à résister à cet ajustement. Il est significatif à cet égard que l'importance du mouvement de délocalisation industrielle vers le Tiers monde soit elle-même remise en cause et que les limites de ce mouvement apparaissent comme étant beaucoup plus réelles qu'en 1974-1975.

Il s'agit en premier lieu des limites imposées par un ralentissement déjà en cours, et que l'on peut prévoir durable, de la croissance économique globale dans les centres. Les industries « à délocaliser », légères ou lourdes, ne connaîtront pas une croissance aussi vive que celle des années soixante. Le nombre et l'importance de nouvelles unités nécessaires — au cours d'une période donnée — à satisfaire la croissance de la demande centrale seront plus faibles que par le passé. On ne peut donc s'attendre au cours des prochaines décennies à une création industrielle dans le Tiers monde comparable en volume à celle qui a eu lieu, pour les branches concernées aujourd'hui par la délocalisation, dans les centres au cours des trois dernières décennies.

De plus, une faible croissance de la demande aura tendance à favoriser — pour des raisons purement économiques — la rationalisation, voire l'extension sur place, dont on tirera un parti maximum avant d'envisager la création de nouvelles unités. Enfin, des pressions multiples seront exercées, dans le contexte d'un chômage permanent significatif, pour favoriser la création d'emplois industriels dans les centres plutôt que dans les pays de la périphérie, en ayant recours au besoin à diverses formes d'aides étatiques ou de protectionnismes plus ou moins déguisés.

En deuxième lieu, ces mêmes pressions pourront être aussi exercées au niveau international. Nous avons vu que les pays subissant la transition la plus brutale lors du passage de la division internationale du travail prévalant pendant les années soixante à la nouvelle division internationale du travail sont les pays de l'Europe du Sud et la Grande-Bretagne. Ce sont aussi les pays centraux dans lesquels les forces politiques opposées au capitalisme dans sa forme actuelle — capitalisme monopoliste essentiellement privé, intégré dans le marché mondial capitaliste — sont traditionnellement les plus puissantes. Les risques de voir ces pays soumis à une instabilité politique grandissante, voire de quitter le camp occidental, ne sont donc pas négligeables. On comprend donc qu'il sera difficile aux leaders du camp occidental — les États-Unis, l'Allemagne Fédérale et le Japon — de refuser aides et concessions de nature à éviter des ruptures qui seraient gravement préjudiciables à leurs intérêts en leur ôtant des débouchés somme toute cruciaux. Parmi les concessions que l'on peut imaginer figurent bien entendu la mise en place de mécanismes — douaniers par exemple — freinant la migration de certaines branches industrielles vers la périphérie.

Ainsi, une fois rétabli le leadership américain par rapport à l'Europe et au Japon — ce rétablissement s'étant appuyé sur une alliance tactique avec les forces diverses du Tiers monde — les responsabilités et le maintien du leadership américain impliquent dans une large mesure un renversement d'alliance : l'ensemble du camp capitaliste central étant réunifié, confrontant en tant que tel, et donc avec un rapport de forces plus satisfaisant qu'auparavant, le tiers-monde. Il en a déjà été ainsi au cours des années soixante, à l'époque où les États-Unis, ayant réussi à réduire le rôle des anciennes puissances coloniales en soutenant les luttes de libération dans les pays du Tiers monde que ces puissances occupaient encore, se sont ensuite opposées aux forces qui, parties prenantes dans ces luttes, revendiquaient plus que l'indépendance formelle ; et ceci en s'appuyant éventuellement sur les alliés locaux de ces anciennes puissances coloniales ; et en ménageant une place aux anciens colonisateurs eux-mêmes pour obtenir leur appui.

En troisième lieu, il faut bien comprendre qu'un mouvement important de délocalisation industrielle ne peut concerner en priorité qu'un petit nombre de pays de la périphérie.

Les conditions favorables concernent d'abord une expérience industrielle qui se matérialise par des coûts de formation relativement bas, la présence d'infrastructure de base (logement, transports, etc.) et de personnel d'encadrement. Mais elles ne se limitent pas à celles-ci. Au contraire, la condition la plus importante concerne une orientation économique libre échangiste, garantissant la propriété et le libre mouvement des capitaux étrangers, garantissant aussi des faibles charges salariales et fiscales (8) ; et surtout un régime politique stable qui paraisse à même d'assurer ces garanties pendant une longue période.

Il faut comprendre l'importance de ces garanties pour une entreprise privée étrangère investissant dans un pays du Tiers monde ; et surtout leur caractère crucial pour certains

(8) La multiplication des projets de zones franches dans le Tiers monde illustre l'effort fait par certains pays pour réunir ces conditions.

types d'investissements. Il ne s'agit pas essentiellement ici des investissements destinés à promouvoir les industries de substitution à l'importation, ou des investissements destinés à promouvoir les industries légères d'exportation de produits *finis*. Dans chacun de ces deux cas, l'investisseur étranger peut se prémunir assez efficacement contre les risques de perte de son capital — qui est en tout état de cause faible en raison du faible montant du capital investi — en adoptant une durée brève d'amortissement effectif. Il s'agit d'une part des investissements lourds et durables tels ceux qui concernent la sidérurgie, la pétrochimie, les chantiers navals, la première transformation des minerais métalliques par exemple. L'importance de l'investissement est ici un élément suffisant pour expliquer la nécessité d'obtenir des garanties. Il s'agit d'autre part des investissements, peut-être moins importants, destinés à promouvoir la production de sous-ensembles destinés à être incorporés, dans les pays du centre, à des produits finis : composants électroniques, pièces mécaniques, etc. Ce type d'investissement correspond à une stratégie de constitution de réseaux multinationaux de production adoptée par certaines firmes multinationales (Ford dans l'industrie automobile par exemple), chacune des unités du réseau produisant une composante d'un produit fini assemblé par une unité particulière du réseau, généralement situé dans un pays du centre et qui produit aussi les composantes les plus élaborées du produit en question. Les risques de nationalisation sont amoindris par le fait qu'une composante quelconque n'a pas en général une valeur d'usage indépendemment des autres composantes, produites, elles, dans d'autres pays. Mais la firme multinationale court alors le risque de voir un pays particulier exiger un prix plus élevé pour les composantes qu'il produit, et en définitive de voir son réseau désorganisé. On comprend alors que les garanties exigées par les firmes pour ce type d'investissement soient importantes.

Il ne faudrait pas considérer a priori que les tendances à la délocalisation soient le seul fait des grandes entreprises multinationales. D'autres types d'investissement peuvent y concourir. Ceux des moyennes entreprises engagées dans les branches telles que le textile, le bois, le papier, le cuir, par exemple. Mais on sait qu'en général les garanties exigées par ces investisseurs sont — en raison de leur expérience plus limitée en matière d'investissment à l'étranger, en raison de leur moindre pouvoir de négociations avec les pays hôtes, et en raison de leur accès plus difficile aux financements de garantie — en général plus strictes que celles qui sont requises par les grandes firmes multinationales. Le capital local, privé ou public, peut enfin participer au développement des industries d'exportation. Il n'exige alors pas nécessairement, bien entendu, les mêmes conditions concernant la stabilité économique et politique. Mais c'est parfois le cas et, de plus, ce capital est, dans les conditions actuelles, limité, à l'exception possible des pays massivement exportateurs de matières premières. En tout état de cause, on comprend alors que les garanties économiques et politiques que nous avons évoquées soient difficiles à réunir. La tendance naturelle des investisseurs privés de centre, et des gouvernements ou institutions financières internationales — privées ou publiques — qui ont à leur charge de garantir financièrement ces investissements, est de concentrer ces investissements dans un petit nombre de pays dont les conditions sont jugées favorables. Car il est en effet aisé dans ce cas de veiller à ce que ces conditions favorables soient maintenues, notamment par l'effet de concentration des investissements, que dans le cas d'une dispersion des investissements dans un très grand nombre de pays.

Enfin cette concentration des investissements a, du point de vue du centre, l'intérêt d'accroître les divergences entre pays de la périphérie et donc de contribuer à éviter que des revendications générales ne soient présentées au centre par un front uni du Tiers monde dans le domaine industriel, comme dans d'autres domaines (prix de matières premières, réorganisation du système monétaire international, organisation du commerce international, etc.).

Voici les pays qui peuvent être concernés par un important mouvement de délocalisation industrielle en très petit nombre ; la liste en est familière : pays de l'O.P.E.P., Mexique, Brésil, « concessions » d'Asie du Sud-Est. L'incertitude quant à la pérennité de l'accès des produits manufacturés du Sud aux marchés du Nord aura pour conséquence de restreindre encore cette liste aux pays du Sud disposant d'un marché intérieur solvable suffisant pour absorber la production qui ne pourrait plus éventuellement être exportée vers le Nord. Ainsi, les pays du « haut de la liste » — les pays massivement exportateurs de matières premières très peuplés — pourraient devenir les principaux exportateurs de produits manufacturés divers vers le Nord, au détriment de ceux plus nombreux, qui disposent pour seul avantage de leur main-d'œuvre à bon marché.

3. L'Expérimentation Réformiste

Les divisions qui sont apparues au sein du Tiers monde, l'échec, du point de vue du Tiers monde, des négociations globales, et plus particulièrement celles qui concernent l'indexation du prix des matières premières et l'endettement des pays du Tiers monde, conduisent donc à des prévisions pessimistes concernant la croissance économique des régions en voie de développement (à l'exception d'un très petit nombre de pays), et même de l'économie mondiale dans son ensemble. C'est ce que souligne par exemple l'étude des Nations Unies sur *l'Avenir de l'Économie Mondiale,* dirigée par W. Léontief, qui définit bien par ailleurs l'enjeu des négociations globales : un échec de ces négociations implique que les écarts de revenu entre pays riches et pays pauvres soient maintenus, voire aggravés, quels que soient les efforts d'investissement de ces derniers ; il implique aussi un ralentissement de la croissance économique mondiale (9).

Le ralentissement de la croissance économique mondiale est l'une des raisons pour lesquelles les pays du Nord, et plus particulièrement les États-Unis, hésitent à se satisfaire d'un retour à des perspectives de cette nature. Le maintien d'un certain niveau de contradictions entre le Tiers monde d'une part, l'Europe et le Japon, voire l'Union Soviétique d'autre part, est un élément essentiel de la gestion américaine de l'économie mondiale pour éviter un retour des tendances à la multipolarité qui résulteraient d'un retour pur et simple du pillage néo-colonial des années soixante. Enfin, l'instabilité politique dans le Tiers monde qui pourrait résulter de ce retour pourrait en définitive remettre en cause les intérêts les plus fondamentaux du Nord dans le

(9) Voir l'annexe à ce texte.

Tiers monde (accès aux matières premières, aux réserves de main-d'œuvre à bon marché).

C'est pour cet ensemble de raisons que les réflexions qui se sont engagées au cours de ces dernières années au sein d'organismes internationaux divers — et en particulier à la Banque Mondiale sous l'impulsion de R. McNamara — sont en voie d'acquérir une influence grandissante au sein de la nouvelle administration américaine (10). Ces réflexions ont eu pour objet de définir une « stratégie d'expérimentation réformiste » consistant à promouvoir de nouvelles modalités d'intervention de ces organismes dans le Tiers monde, dont l'objectif serait d'éviter les conséquences quasi-mécaniques de l'échec des négociations globales (11).

Ce sont les objectifs affichés de cette stratégie qui retiennent d'abord l'attention (12). Au lieu d'opposer croissance et répartition et d'être orientées vers le premier objectif comme l'étaient les interventions traditionnelles fondées sur les théories économiques libérales, ces interventions se proposent de promouvoir simultanément la croissance économique générale et une répartition plus équitable des ressources dans les pays du Tiers monde. Les orientations générales que l'on peut proposer pour concrétiser ces deux objectifs sont les suivants :

— Maximiser la croissance du P.N.B. en réalisant une allocation efficace des ressources et opérer des transferts de revenus (flux) pour réduire les inégalités créées par cette allocation des ressources.

— Organiser la croissance à partir d'une socialisation ou d'une redistribution préalable des immobilisations existantes (terre, capital, etc.).

— Organiser la croissance en opérant la répartition au niveau de l'investissement, c'est-à-dire la création d'immobilisations nouvelles, y compris en capital humain.

(10) Voir à cet égard the *United States and Wold Development Agenda, Overseas Development Council,* Praeger, 1977.

(11) Qui sont explicitées par le travail de W. LEONTIEF. Ce travail ne prend pas en compte l'effet possible de cette stratégie, et se situe dans l'hypothèse du maintien des modèles classiques de développement extraverti dans le Tiers monde.

(12) H. CHENERY et al., *Redistribution with growth,* Oxford, 1974.

La première est la plus traditionnelle, et la plus conforme aux théories économiques libérales. La deuxième rencontre « des résistances politiques... qui rendent son succès, à une échelle significative, improbable dans la plupart des pays (13). » C'est la troisième qui est présentée comme généralement la plus adéquate, bien que la redistribution des immobilisations existantes soit préconisée dans certains domaines (réforme agraire, nationalisation de certaines industries).

En ce qui concerne la politique des revenus et de l'emploi dans les pays à fort sous-emploi, les méthodes préconisées ne sont pas les méthodes traditionnelles de réduction du prix relatif de la force de travail par rapport à celui de l'investissement, mais des méthodes de décloisonnement du marché financier permettant l'accès au capital (crédit) *de petites entreprises utilisant des techniques à forte intensité de travail.*

Le perfectionnement de ces techniques, *en partant des techniques utilisées dans le secteur dit traditionnel ou informel,* est recommandé comme une action complémentaire au développement des petites industries.

En milieu rural, il est recommandé de « casser la structure semi-féodale garante de la force de travail en état de captivité qui persiste dans plusieurs régions rurales de l'Amérique latine », par exemple, soit à travers une redistribution des terres, soit à travers la mise en culture de nouvelles surfaces sous forme non-latinfundiaire. Pour ce qui concerne l'Afrique, c'est la deuxième stratégie qui apparaît comme la plus pertinente. Ce qui est plus nouveau, c'est que les formes d'appropriation individuelle des terres ne sont plus systématiquement privilégiées par rapport aux formes coopératives, telles que l'expérience des villages ujamaa en Tanzanie.

De fait, et de plus en plus explicitement, il s'agit en milieu rural et en milieu urbain de réduire les groupes sociaux considérés comme marginaux (petits paysans, paysans pauvres et ouvriers agricoles, chômeurs urbains, travailleurs urbains sous-utilisés) par l'intégration économique et sociale d'une fraction de ces groupes. Le développement

(13) H. CHENERY et al., *op. cit.*

d'un secteur dit moderne n'étant pas considéré comme à même d'accomplir cette tâche, il s'agit de mettre en place des processus de nature à revitaliser le secteur dit traditionnel ou informel, *en accordant à une partie des groupes sociaux considérés comme marginaux une possibilité d'accumulation de capital,* soit sous forme individuelle, soit sous forme semi-collective (coopératives).

Il est aussi préconisé de favoriser ces processus de revitalisation et de modernisation du secteur traditionnel, de constitution de classes sociales, par un action au niveau du secteur public : remodelage de la fiscalité en faveur des revenus moyens faibles (taxes sur la propriété, sur les héritages, mais surtout taxation indirecte progressive en fonction de l'élasticité du revenu aux dépens d'une fiscalité directe peu efficace), redéfinition des priorités pour les dépenses publiques (priorité à donner à l'éducation primaire plutôt que l'éducation secondaire ou supérieure, redéfinition de la nature des équipements et services collectifs pour en permettre un plus large accès), etc.

Ces orientations sont donc dans l'ensemble relativement précises. Leur contenu politique n'est pas nié : certaines fractions de classes dominantes dans les pays en voie de développement seraient lésées par un réformisme conséquent de cette nature. Leur compensation partielle est préconisée quand un compromis est possible. S'il ne l'est pas, l'alliance entre les fractions progressistes de la bourgeoisie et les couches dites marginales est recommandée pour forcer l'issue, avec s'il le faut l'assistance de l'intervention des organisations internationales concernées.

Il en découle une attitude vis-à-vis des expériences capitalistes, d'état ou socialistes dans le Tiers monde très différente de celle de l'ostracisme qui a souvent prévalu dans le passé. L'administration américaine semble à cet égard tirer les conséquences des échecs qu'a rencontré l'Union Soviétique au cours des années soixante quand elle a tenté d'insérer progressivement des pays tels que l'Égypte, l'Inde, l'Algérie dans son orbite, et penser que les contradictions internes engendrées par ces expériences offrent une marge de manœuvre suffisante aux États-Unis pour les infléchir et maintenir leur insertion dans le marché mondial sans compromettre les intérêts fondamentaux du Nord. La logique implique qu'au contraire l'ostracisme soit réservé aux régimes les plus conservateurs, dans lesquels les classes et couches dominantes mènent une politique de défense intégrale de leurs intérêts immédiats qui risque de mener à l'explosion sociale en raison de l'extension et de la marginalisation des couches exclues, et en définitive de remettre en cause les intérêts essentiels du Nord. C'est le sens de la campagne de l'administration américaine pour le respect des droits de l'homme.

Tels semblent être les principaux aspects d'une nouvelle doctrine d'intervention dans le Tiers monde. Cette doctrine a des implications qui dépassent largement, on l'a vu, le cadre limité de l'aide bilatérale ou multilatérale. C'est l'ensemble des relations entre le Nord et le Sud qu'elle a pour vocation de redéfinir. Plusieurs remarques s'imposent pour en définir la portée.

En premier lieu cette politique est une politique relativement « économe ». Pour atteindre un objectif d'élimination de la « pauvreté absolue », 125 milliards de dollars seraient, selon les experts américains, nécessaires sur une période de 15 ans. Le double de cette somme serait nécessaire dans le cadre d'une politique d'accès des couches marginales du Tiers monde à l'accumulation du capital. Les sommes concernées avoisinent donc une quinzaine de milliards de dollars par an, soit moins que le volume actuel de l'aide des pays de l'O.C.D.E. aux pays du Tiers monde, ou encore environ 2 % du P.N.B. des pays en voie de développement. Son financement est donc aisément envisageable soit à travers une réorientation de l'aide des pays de l'O.C.D.E. soit à travers une redistribution des revenus et une réaffectation des dépenses publiques dans les pays en voie de développement, soit à travers une combinaison des deux méthodes. On ne saisit donc l'intérêt pour les pays du Nord quand on compare ces sommes aux transferts de ressources envisageables à travers l'indexation du prix des matières premières par exemple.

En deuxième lieu, cette doctrine se propose d'aborder les relations avec les pays du Tiers monde de manière différenciée par groupes de pays, voire par pays. Elle s'accompagne de distinctions entre pays du Tiers monde exportateurs de pétrole, ou gros exportateurs de matières premières, pays « à revenu moyen », pays « les moins développés »,

« n'ayant pas d'accès à la mer », etc. ; et de propositions d'interventions différenciées pour ces diverses catégories de pays. Ceci semble être a priori une proposition de bon sens, mais ne l'est que dans la mesure où l'on accepte que le Nord aborde la question de ses relations avec le Tiers monde en ignorant les structures unitaires dont celui-ci a tenté de se doter (groupe des 77, groupe des non-alignés, associations de pays producteurs, etc.). Si l'on considère que ces structures unitaires doivent avoir un rôle à jouer, la nouvelle doctrine de l'administration américaine telle qu'elle est formulée jusqu'ici apparaît comme un moyen de court-circuiter donc d'affaiblir ces structures unitaires, en traçant des perspectives a priori plus acceptables des relations Nord-Sud en échange d'un abandon des tentatives de consolidation de ses structures unitaires. En tout état de cause, un de ses objectifs semble bien être d'éviter la constitution d'un front des pays du Tiers monde, analogue à son objectif d'éviter une convergence des classes et couches sociales marginalisées sur le plan interne. Il y a donc une cohérence et non une opposition entre cette doctrine et l'attitude négative du Nord par rapport aux propositions globales de négociation des pays du Sud.

En troisième lieu, on doit noter la diversité des interventions qui peuvent s'insérer dans le cadre de cette doctrine. Les ambiguïtés de sa formation, la différenciation des pays du Tiers monde qu'elle accepte et qu'elle favorise, rendent cette doctrine vulnérable à l'accusation de n'être qu'une rationalisation de la volonté de jouer un jeu tactique vis-à-vis du Tiers monde plus souple que par le passé mais s'inscrivant dans la même ligne stratégique.

En quatrième lieu, il faut souligner que cette doctrine est encore loin d'être systématiquement mise en pratique. On doit à cet égard distinguer les micro-expériences auxquelles elle a donné lieu (projets expérimentaux et à petite échelle de développement rural, mise en place de nouvelles formules pour l'éducation et la formation, pour la construction de logements, projets expérimentaux de développement de petites industries, etc.), de leur généralisation à l'échelle d'une région ou d'un pays. Les micro-expériences peuvent être « récupérées » dans le cadre des alliances de classes existantes soit par leur détournement au profit d'autres classes et couches que celles qu'il s'agit d'associer à l'accumulation du capital, soit par leur transformation en « vitrines » isolées du reste du système social. Ce n'est que si ce stade des micro-expériences est dépassé, et que les interventions annoncées par cette doctrine dans les conflits sociaux qui en résulteront s'effectuent alors au profit de la formation d'une nouvelle alliance de classes, que l'on pourra juger de sa conséquence. De même, si cette doctrine peut être rapprochée de la politique étrangère de la nouvelle administration américaine dans le sens où celle-ci se propose, notamment en Afrique australe, de faire pression sur les régimes les plus conservateurs et de s'accommoder des expériences progressistes, on doit souligner le caratère provisoire et expérimental des orientations de cette politique étrangère. Rappelons que l'appui des États-Unis au réformisme latino-américain au début des années soixante n'a pas résisté longtemps à l'évolution qui en a résulté.

En cinquième lieu si cette doctrine est définie dans l'environnement de l'appareil d'état américain et rencontre des échos au niveau des petits pays du Nord, rien n'indique qu'elle puisse être aussi adoptée par l'Allemagne, le Japon, et, pour ce qui concerne plus directement l'Afrique, par la Grande-Bretagne et la France.

Malgré ces réserves, il apparaît utile de considérer, à titre d'hypothèse, cette stratégie d'expérimentation réformiste comme une partie intégrante de la réponse du Nord et ceci pour plusieurs raisons :

— la convergence des diagnostics soulignant l'impossibilité d'un retour pur et simple aux tendances du passé ;

— son intégration croissante dans le discours officiel de la nouvelle Administration américaine ;

— le renforcement du leadership américain sur le Nord dans la négociation entre Nord et Sud.

La place de l'Afrique

Il est maintenant possible de préciser les hypothèses proposées pour tracer les perspectives de l'insertion de l'Afrique dans la division internationale du travail, dessinées par la réponse du Nord à l'offensive des pays du Tiers monde du début des années soixante-dix. Elles s'inscrivent dans le cadre de la gestion d'une phase de croissance faible du capitalisme mondial sous leadership américain. Le bloc soviétique lui-même, voit progressivement inséré dans le cadre, et est amené, de par ses choix internes, à perdre ses marges de manœuvres et à être transformé en structure relais, exportatrice — vers le Second et le Tiers monde — de biens et de services relativement banalisés (14).

La gestion du capitalisme mondial implique que les contradictions susceptibles de remettre en cause ce schéma puissent être partout contenues. Ceci entraîne deux impératifs :

— Aucun des ensembles suivants — bloc soviétique, Tiers monde, Second monde — ne doit se transformer en structure autonome, réussissant à résoudre ses contradictions internes de manière durable, et susceptible de devenir un concurrent du système capitaliste mondial sous hégémonie américaine et éventuellement d'être porteur d'un projet d'ordre économique mondial différent. De plus, les règles du jeu au niveau mondial (commerciales, monétaires, etc.) doivent être telles qu'elles ne fassent pas apparaître des convergences d'intérêts immédiats entre ces ensembles, susceptibles de se traduire par les alliances privilégiées excluant les États-Unis.

— Aucun de ces ensembles ne doit cumuler un potentiel de contradictions sociales tel que sa sortie du système capitaliste mondial apparaisse à une coalition majoritaire de ses forces sociales comme le seul moyen de résoudre ces contradictions.

En d'autres termes cette gestion du capitalisme mondial sous hégémonie américaine implique un partage du poids de la crise — d'un passage d'une phase d'expansion rapide du capitalisme mondial à une phase de croissance lente, voire de stagnation — entre le bloc soviétique, le Second monde et le Tiers monde. Pour ce qui concerne l'industrie par exemple, il s'agit d'organiser la répartition au niveau mon-

(14) Et de fait, l'hypothèse fondamentale de la nouvelle politique étrangère américaine, inverse de celle qui a caractérisé la politique menée sous l'égide de H. KISSINGER, mais fondée sur les résultats obtenus par celle-ci, est celle de la faiblesse de l'Union Soviétique hors de sa sphère d'intervention militaire directe. Selon cette hypothèse, l'U.R.S.S. serait une puissance déclinante, et les États-Unis une puissance montante, et, à terme, la seule véritable superpuissance.

dial de toutes les branches à l'exception des branches de technologies de pointe, afin qu'elles soient la base d'une concurrence entre bloc soviétique, Second monde et Tiers monde, faisant apparaître les intérêts immédiats de ces trois ensembles comme contradictoires. Pour ce qui concerne les déficits des balances des paiements, les règles du jeu monétaire international actuel sont bien telles que les États-Unis d'une part — ainsi que les deux pays structurellement excédentaires que sont l'Allemagne et le Japon — peuvent répartir les financements entre Second monde, bloc sociétique et Tiers monde en faisant apparaître ces trois ensembles comme concurrents, et en obtenant des concessions diverses (maintien du libre échange, modalités de structuration ou de restructuration industrielle, orientations politiques) en contrepartie de ces financements.

Bien entendu, ce qui précède n'implique aucune symétrie entre Second monde, bloc sociétique et Tiers monde. Il ne s'agit pas de trois ensembles situés au même niveau dans la hiérarchie des activités correspondant à la division internationale du travail. Les deux premiers ensembles participent de la domination du troisième, et sont en ce sens des structures relais. Mais la régulation du système capitaliste mondial sous hégémonie américaine implique une tendance à favoriser un développement moins inégal de ces trois ensembles : on en favorise un au détriment des autres dans une période donnée, et ce choix peut et doit varier d'une période à l'autre pour satisfaire aux deux impératifs évoqués ci-dessus. Il y a eu et il y aura donc des périodes où les États-Unis soutiendront les revendications du Tiers monde face au Second monde par exemple, et qui seront suivies par un coup d'arrêt à ces revendications si elles apparaissent comme étant de nature à favoriser une unité et une autonomie du Tiers monde (ou d'un sous-ensemble de pays du Tiers monde, comme les associations de pays producteurs), ou à entraîner des contradictions trop aiguës au sein du Second monde. Et en tout état de cause les États-Unis seraient les arbitres de ce qui apparaîtrait comme des conflits d'intérêt entre Second monde, bloc soviétique et Tiers monde.

Ce qui précède n'implique pas non plus que le Second monde, le bloc soviétique ou le Tiers monde aient ou soient amenés à avoir la même insertion dans le système capitaliste mondial. Pour ce système, le Second monde et le bloc soviétique constituent essentiellement des réserves de main-d'œuvre qualifiée et des débouchés ; le Tiers monde constitue essentiellement une réserve de main-d'œuvre déqualifiée et un fournisseur privilégié de matières premières agricoles et minérales. Le fonctionnement du système capitaliste mondial implique la pérennité de son accès à ces réserves de main-d'œuvre, à ces débouchés, à ces matières premières. C'est là que s'exprime la continuité de l'insertion du Tiers monde dans l'économie mondiale depuis la période coloniale.

1. L'Afrique : réserve de matières premières

Dans le cadre d'hypothèses retenu ci-dessus, on peut penser que les priorités essentielles concernant l'Afrique, du point de vue du Nord, sont d'y assurer et de développer son approvisionnement en matières premières agricoles et surtout minérales.

Il est inutile d'insister ici sur la richesse du continent africain en gisements importants, recelant des ressources de bonne qualité, donc de coûts d'accès généralement très compétitifs par rapport à celles des autres pays exportateurs éventuels, et ceci pour ce qui concerne le pétrole, le cuivre, le fer, la bauxite et d'autres métaux d'usage plus rare. On doit de plus souligner le fait que les tentatives d'exploration hors du Tiers monde qui se sont développées au cours des années 1974-1976 consécutivement au mouvement de formation ou de consolidation des associations des pays producteurs de matières premières ont donné jusqu'ici des résultats relativement décevants. Dans le domaine énergétique par exemple, les ressources pétrolières off-shore sont limitées ou ont des coûts d'extraction élevés. Il en est de même des gisements de l'Alaska, et des ressources énergétiques américaines telles que les schistes bitumeux ou les sables asphaltiques qui ont vu leurs coûts d'exploitation prévus plus que doubler entre 1974 et 1976. Il en est de même des coûts de l'énergie nucléaire.

En dépit d'une croissance économique mondiale faible, il semble aujourd'hui que les tentatives de minimiser le rôle du pétrole hors O.P.E.P. dans l'approvisionnement mondial sont vouées à l'échec. Autre exemple : celui de la bauxite. Les réserves mondiales sont abondantes mais la présence de gisements australiens importants et compétitifs ne peut pas constituer une alternative au développement de l'extraction dans le Tiers monde. Au sein du Tiers monde, l'arrivée sur le marché de la bauxite brésilienne à la fin de la décennie aura des conséquences importantes sur l'extraction dans la zone des Caraïbes, mais l'intérêt porté à la bauxite guinéenne — énormes gisements, excellente qualité — n'en sera pas affecté.

Plus généralement, si les recherches minières hors Tiers monde qui se sont développées entre 1974 et 1976 à la suite de la formation des associations des pays producteurs ont révélé des gisements importants, ces derniers s'avèrent impliquer des coûts d'extraction nettement plus élevés que ceux des réserves disponibles dans le Tiers monde. On comprend alors que l'intérêt récent porté aux ressources minérales africaines soit renouvelé après cette brève parenthèse, surtout dans un contexte différent de compétition par les coûts et d'affaiblissement des associations de pays producteurs. On peut prévoir qu'il en sera de même dans l'avenir, et ceci d'autant plus que de vastes régions du continent sont inexplorées ou en voie d'être explorées.

A cet égard les prévisions de l'étude des Nations Unies concernant l'avenir de l'économie mondiale (op. cit.) sont significatives. Dans le cadre d'un scénario de croissance mondiale rapide permettant la réduction significative des écarts de revenus moyens par habitant entre les pays développés et les pays en voie de développement (voir annexe 1), l'Afrique tropicale devient la première région exportatrice de minerai de cuivre en l'an 2000, la deuxième région exportatrice de bauxite après l'Australie, la deuxième région exportatrice de minerai de fer après les pays d'Asie à faibles revenus. La progression de l'exploitation de ces minerais entre 1970 et 2000 (les exportations de cuivre sont multipliées par 6 en volume entre 1970 et 2000, celles de bauxite par 16 et celles de fer par 5) a lieu régulièrement tout au long de la période, et il ne s'agit donc pas de ressources qui n'auraient dans un premier temps qu'un intérêt hypothétique. C'est dire qu'un scénario de croissance mondiale moins rapide n'aurait pas pour effet, dans l'état actuel de connaissances, de réduire substantiellement ces prévisions d'accroissement des exportations de matières premières minérales.

En résumé, les atouts de l'Afrique comme fournisseur de matières premières sont considérables. Le degré d'élaboration de ces matières premières pourrait être aussi amené à évoluer.

2. Les faiblesses de l'Afrique dans les autres domaines industriels

L'Afrique semble devoir jouer globalement un rôle moins important en tant que réserve de main-d'œuvre non qualifiée, bien que les coûts salariaux y soient en général moins élevés que dans d'autres régions du Tiers monde (Amérique Latine, Moyen-Orient, sous-continent indien, Asie du Sud-Est) et ceci pour plusieurs raisons :

— le faible développement en dehors de l'Afrique du Nord et du cône sud du continent du prolétariat industriel, et en conséquence, des infrastructures matérielles et sociales permettant son extension. La faible diffusion d'une tradition industrielle fût-elle minimale, représente elle aussi, sauf pour des créneaux bien précis, un obstacle important.

— en contraste, l'existence de régions telles que l'Amérique Latine, l'Asie du Sud-Est, le Bassin méditerranéen qui constituent à l'heure actuelle les principales réserves de main-d'œuvre non qualifiée pour l'industrie centrale. Les infrastructures matérielles et sociales sont présentes, la tradition industrielle affirmée. Ces réserves sont loin d'être en voie d'épuisement.

— l'avantage comparatif des réserves de main-d'œuvre déqualifiée africaine par rapport à celles de l'Asie ou de l'Amérique Latine ne peut être notable que pour ce qui concerne le marché européen. Or celui-ci se développe à un rythme moins rapide que par le passé. Le chômage y est et y sera important et structurel. Les besoins en main-d'œuvre non qualifiée, qu'elle soit utilisée par l'immigration ou par la délocalisation industrielle seront plus faibles. Les pressions syndicales tendront en général à consolider cette tendance en s'opposant à l'investissement à l'étranger.

Ceci n'est pas pour nier toute potentialité de développement des industries légères d'exportation en Afrique, mais pour souligner que celle-ci ne constitue pas — à l'inverse de ce qui est le cas pour les matières premières — un enjeu vital pour le Nord. Ce n'est que si les contradictions sociales sur le continent africain, et en particulier dans les régions non exportatrices de matières premières risquent d'atteindre un niveau explosif tendant à remettre en cause l'accès aux matières premières, que l'industrialisation légère d'exportation en Afrique pourra apparaître pour le Nord comme une nécessité.

Pour ce qui concerne la régulation des contradictions sociales en Afrique, on peut d'ailleurs considérer comme plus probable l'hypothèse selon laquelle l'Afrique non exportatrice de matières premières pourrait constituer un champ privilégié d'expérimentation et la mise en œuvre de la doctrine Mc Namara et de la politique étrangère de la nouvelle administration américaine.

C'est le continent américain et le Sud-Est asiatique qui constituent les zones privilégiées d'extension des firmes multinationales américaines opérant dans l'industrie de transformation. Pour ce qui concerne l'Afrique, seule l'Allemagne semble devoir être un investisseur à l'étranger important dans la prochaine décennie. On peut supposer qu'il n'y a pas là les bases d'un développement spectaculaire des industries légères d'exportation, à l'exception de ce qui peut être le cas pour un petit nombre de pays, situés en priorité dans l'espace méditerranéen.

Quelles en sont les raisons ? En premier lieu, on doit constater que c'est dans les pays africains que les structures sociales post-coloniales peuvent apparaître les moins figées et les plus malléables. C'est là que l'opposition locale aux micro-expériences réformistes semble être la moins difficile à circonvenir, c'est là que la transition vers de nouvelles alliances de classes peut sembler être la plus aisée à impulser, et comporter de surcroît, l'avantage d'affaiblir les liens, qui restent privilégiés, entre ces pays et l'Europe.

En deuxième lieu, l'approvisionnement en matières premières que doit assurer l'Afrique sub-saharienne concerne essentiellement l'Europe et dans une moindre mesure le Japon. Il n'est vital pour les États-Unis que dans un certain nombre de cas très limités (chrome du Zimbabwe par exemple). Bien entendu, cet approvisionnement reste en grande partie assuré par l'intermédiaire de firmes multinationales américaines. Mais ces firmes et l'appareil d'état américain peuvent consentir à pratiquer en Afrique une politique de prix élevés des matières premières — en répercutant ces prix sur les consommateurs finals par exemple — plus aisément que si c'était l'approvisionnement américain qui était essentiellement concerné.

Pour cette raison aussi, les États-Unis peuvent sans doute envisager les risques de débordement d'une stratégie réformiste d'une manière plus sereine en Afrique que dans d'autres régions du monde, et prendre le risque de tolérer des expériences de capitalisme d'état ou de transition au socialisme sur une moyenne période. Le risque d'une consolidation de ces expériences, à travers notamment l'accroissement de l'influence soviétique sur le continent africain ne peut, bien entendu, être négligé du point de vue américain. Mais les évolutions récentes en Inde, en Egypte, et dans plusieurs autres pays du Tiers monde montrent que ces risques ont probablement été surestimés au cours de la période précédente ; et qu'une stratégie de déstabilisation à court terme, qui comporte beaucoup d'inconvénients, peut s'avérer moins efficace qu'une stratégie à plus long terme de négociation et de consolidation de l'insertion durable des régimes concernés dans le marché mondial capitaliste.

3. Géographie prospective du continent

C'est en fonction de ces contraintes et de ces objectifs qu'on peut esquisser une géographie prospective de l'Afrique, dont la mise en place constitue la réponse apportée par le centre aux revendications pour un nouvel ordre économique mondial des années 1974 et 1975.

Elle découle d'abord des ressources naturelles stratégiques :

— le pétrole arabe ;

— les minerais métalliques de l'Afrique du Sud, de la Rhodésie, de la Zambie et du Zaïre ;

— la bauxite de la Guinée et le fer du Libéria ;

— accessoirement, le pétrole du Nigéria, du Gabon et de l'Angola, les ressources agricoles de la Côte d'Ivoire, etc.

Bien entendu, d'autres ressources minières jouent déjà ou joueront un rôle important dans l'approvisionnement mondial : les phosphates du Maroc et du Sahara occidental, l'uranium nigérien, la bauxite du Cameroun. Mais ce n'est pas là l'essentiel.

Pour préciser ce qu'implique une garantie d'accès aux ressources minérales stratégiques, il est utile de revenir sur les prinicipaux aspects de la politique adoptée par les États-Unis au Moyen-Orient et dans le monde arabe après 1973.

1) Une pression importante destinée à rompre l'homogénéité du front des pays de l'O.P.E.P. et plus précisément de l'O.P.A.E.P. Un certain nombre de revendications de ces pays ont été satisfaites (hausse de prix, renégociation des contrats, nationalisations partielles ou totales). Mais la pression des États-Unis et de l'ensemble des pays occidentaux n'a cessé de s'exercer jusqu'à ce que la satisfaction de ces revendications fût clairement obtenue à travers la négociation bilatérale plutôt qu'à travers la décision unilatérale ou une négociation d'ensemble. Ainsi par exemple, les hausses de prix du pétrole ont été contenues par des pressions politiques directes, mais aussi par une politique d'exploration pétrolière et énergétique hors O.P.E.P., jusqu'à ce que les divergences au sein de l'O.P.E.P. atteignent un point de « rupture » et que l'Arabie Séoudite et les Emirats Arabes se désolidarisent de la hausse de prix décidée en décembre 1976 par les autres pays de l'O.P.E.P. Aujourd'hui on redécouvre l'importance du rôle du pétrole moyen oriental, et le plan énergétique américain implique une hausse de prix à moyen terme. Mais, en raison des divergences au sein de l'O.P.E.P., elle sera négociée entre les États-Unis et l'Arabie Séoudite avant d'être considérée au sein de l'ensemble de l'O.P.E.P.

2) Un appui porté à l'Arabie Séoudite pour voir ce pays jouer un rôle actif de puissance relais dans le monde arabe. De par son aide financière, l'Arabie Séoudite a largement contribué à désamorcer une tension politique et sociale explosives au Moyen-Orient, en particulier en Egypte, et à promouvoir des solutions négociées pour les deux conflits politiques les plus importants de la région : le conflit palestinien, le conflit libanais. Cette intervention séoudienne ne peut se situer sur le plan politique que parce qu'elle com-

porte une composante économique qui n'est pas seulement conçue à court terme (prêts pour financer le déficit des paiements égyptien, par exemple) mais aussi à moyen terme (politique d'investissement en Egypte, au Soudan).

3) Une compréhension réelle des risques encourus lors de la détérioration de la situation économique et sociale de pays clés comme l'Egypte, et une volonté de prise en charge directe ou indirecte de ces risques à travers le soutien à des politiques de réforme et non seulement à des politiques autoritaires.

4) Une politique moins systématiquement négative que dans le passé à l'égard des expériences de développement impulsées par l'appareil d'état et hostiles au capital étranger. Ainsi les tentatives d'isolement diplomatique et économique de l'Algérie n'ont pas été poussées jusqu'à leur terme. Au contraire, elles se sont accompagnées d'un développement des relations économiques algéro-américaines.

La prospective des modalités économiques utilisées pour garantir l'accès aux ressources minérales découle de ce qui précède :

— mise en concurrence des pays producteurs entre eux par la préparation à la mise en œuvre de ressources « sûres » situées hors du Tiers monde ou dans des zones parfaitement contrôlées.

— contrôle plus systématique de la commercialisation par ce biais, permettant le passage à la priorité juridique des pays producteurs.

— négociation sur les prix dans ces conditions, la perte de la priorité de la propriété juridique par le centre étant compensée par un rapport de forces plus favorable au niveau de la commercialisation, et au niveau des technologies permettant une exploitation et des opérations de première transformation compétitives sur le marché mondial.

Ces nouvelles modalités de contrôle économique permettent de s'accommoder d'expériences politiques très diverses dans les pays riches en matières premières ou dans les autres pays. Ce qui importe, c'est de ne pas voir ces expériences remettre en cause les modalités du contrôle :

— soit en débouchant à nouveau sur des associations actives des pays producteurs.

— soit en laissant se détériorer les conditions économiques et sociales dans les pays producteurs ou les pays non producteurs voisins.

Dans le premier cas, il s'agit d'une politique de « récupération » des expériences de développement qui sont au départ les plus opposées à l'insertion dans le marché mondial, mais qui doivent néanmoins s'appuyer sur leurs exportations pour développer leurs forces productives. Il s'agit donc de s'appuyer sur cette deuxième tendance et de consolider pour éviter que l'expérience ne débouche sur une rupture définitive et exemplaire.

Dans le deuxième cas, il s'agit de promouvoir des réformes redistributives réelles — réformes agraires, politiques de l'habitat, de la santé, financement d'une industrie légère créant des emplois — destinées à élargir les bases sociales des régimes concernés dans les villes et en milieu rural, et à ne pas faire du secteur minier dans ces régions des enclaves trop vulnérables. C'est bien entendu à ce niveau que la « doctrine Mc Namara » trouve son champ privilégié d'application.

Le problème se pose donc différemment dans les pays riches en ressources naturelles et dans les pays qui en sont démunis. Dans le premier cas, il peut être résolu par des réformes redistributives internes. La stabilisation de la situation en Afrique centrale (Zaïre, Gabon, Cameroun, Congo, Empire Centrafricain) passe par des solutions de ce type, qu'encouragera la pression internationale. Le développement important de l'exploitation des ressources minières et de l'industrie de transformation au Zaïre, basée sur l'énergie hydro-électrique, peuvent même permettre d'envisager des solutions transnationales, le Zaïre jouant dans les vingt prochaines années en Afrique centrale un rôle analogue à celui de l'Arabie Séoudite au Moyen-Orient. Mais encore une fois, ceci nécessite au préalable un désenclavement du secteur minier.

Il semble qu'aucun pays ne puisse jouer ce rôle pour l'ensemble de l'Afrique de l'Ouest, les richesses naturelles du Nigéria n'étant pas susceptibles d'être affectées à autre chose qu'à une redistribution et au financement de son développement interne ou celui de la région qui lui est immédiatement avoisinante. Bien entendu, le Libéria, le Ghana, la Guinée, la Côte d'Ivoire ne sont pas démunis de richesses naturelles minérales ou agricoles (fer, bauxite, bois, cacao, café, etc.). De plus, l'exploration géophysique de cette région est loin d'être terminée. Mais ces richesses ne semblent être en mesure de promouvoir aucun de ces pays au niveau de « sous-impérialisme » régional, et ceci d'autant plus que ceux qui semblent être les candidats à un tel rôle aujourd'hui (Kenya, Côte d'Ivoire) arrivent au terme d'une phase du développement d'une industrie de substitution à l'importation et d'extension des exportations de matières premières agricoles ou minérales, qui a assuré le développement de leur marché intérieur. Si dans les pays miniers, l'industrie de substitution à l'importation peut encore connaître des développements importants sur la base des revenus gagnés à l'extérieur, et sans modification importante de la hiérarchie actuelle des revenus, il n'en est pas de même des autres, même si un certain développement des industries légères d'exportation, notamment dans le domaine de la valorisation des matières premières agricoles, peut prolonger le dynamisme actuel de certains d'entre eux. Pour la grande majorité des pays de l'Afrique de l'Est et de l'Afrique de l'Ouest, et devant les perspectives incertaines de l'industrie légère d'exportation, le dépassement du blocage actuel nécessite l'expérimentation des formules réformistes les plus avancées, afin de fonder une croissance du marché intérieur sur une modification importante de la hiérarchie des revenus. Et c'est sans doute cette zone du continent qui sera le point privilégié d'expérimentation de ces formules.

Mais la région de l'Afrique dont l'avenir apparaît, dans ce cadre, comme le plus incertain, est le cône Sud du continent, en raison d'une part de la libération récente de l'Angola et du Mozambique, et d'autre part du maintien des régimes d'apartheid en Afrique du Sud, en Namibie et au Zimbabwe. La richesse minière de cette région et les conflits qui s'y dessinent évoquent sur beaucoup de plans la situation du Moyen-Orient au milieu des années soixante. Une évolution de cette situation vers un conflit ouvert dans lequel les États-Unis pourraient être amenés à ne pas se désolidariser de l'Afrique du Sud présente des dangers significatifs, car cette évolution peut potentiellement conduire à une perte de l'accès aux matières premières de la région, et à l'extension du conflit vers le Nord de cette région.

Plusieurs possibilités de désamorcer les dangers inscrits dans une telle évolution sont concevables. La suivante est peut être celle qui s'insère le plus naturellement dans le cadre d'hypothèses retenu ici :

— solution négociée favorable à la majorité noire au Zimbabwe

— développement des liens économiques avec les régions d'Angola et du Mozambique, quelles que soient les options économiques et politiques adoptées à l'intérieur de ces pays.

— promotion d'une politique de réforme en Namibie et au Botswana, y atténuant la brutalité du régime d'Apartheid.

— regroupement de la minorité blanche sur une zone plus homogène en Afrique du Sud, séparée de l'Angola et du Mozambique par un glacis de régions à majorité noire, dans lesquelles la minorité blanche conserverait des intérêts économiques importants, mais qui serait formellement gouverné par une majorité noire.

A terme, la région de l'Afrique australe pourrait être caractérisée par un équilibre conflictuel mais non antagoniste entre d'une part l'Afrique du Sud et son glacis, et d'autre part les régimes résultant de la « récupération » des expériences de Mozambique et d'Angola. Il s'agit là d'un équilibre analogue à celui qui existe dans les Balkans ou celui qui pourrait se dessiner dans le Maghreb, mais différent de celui qui est visé en Afrique centrale.

4. *Reconstruction d'une stratégie africaine*

On voit donc se construire en Afrique un projet possible qui constitue une réponse du Nord aux stratégies de négociations globales du Sud définies au courant des années soixante et développées au cours de la période 1973-1976.

Cette réponse est presque entièrement négative pour ce qui concerne des négociations globales. Des concessions sont accordées sur tel ou tel point particulier (création du Fonds Alimentaire pour les pays les plus pauvres, renégociation du paiement de la dette de tel ou tel autre pays, généralisation éventuelle des accords de stabilisation du cours des matières premières par produits, avec une faible coordination entre ces accords) mais elles ont pour effet et sans doute pour objet de désarticuler le front du Tiers monde.

Cet objectif étant atteint, les propositions du Nord ne concernent pas simplement un retour à la situation antérieure, mais ont pour but de modeler et de structurer l'espace géopolitique africain en zones stables, pourvoyeuses de matières premières. Pour obtenir cette stabilité, une attitude favorable à l'expérimentation contrôlée de micro-changement, ou même du macro-changement, est adoptée. L'incitation au micro-changement ou au macro-changement est même pourvue à l'encontre de l'ordre établi si celui-ci risque de conduire à des situations explosives. Les expériences d'auto-suffisance partielles sont considérées comme des évolutions positives et stabilisatrices, et non pas comme devant automatiquement remettre en cause les relations globales avec le système capitaliste mondial.

Il est bien entendu trop tôt pour pouvoir affirmer qu'il s'agit là d'une stratégie systématique et concertée ou simplement d'une série d'expériences ponctuelles et d'actions tactiques qui ne sont pas destinées à être généralisées. Il est probable que cette généralisation, si elle doit avoir lieu, dépendra d'un bilan des premières expériences.

Celles-ci ne sont pas comme on l'a vu dénuées de contradiction. Leur isolement ou leur détournement par les couches sociales dominantes, qui auraient pour effet de les vider de leur contenu, sont possibles. Leur débordement, au contraire, peut amener le Nord à recourir à des formes plus traditionnelles et plus autoritaires de domination. Un tel changement d'attitude peut aussi résulter d'une détérioration des relations de l'occident avec le bloc soviétique, qui pourrait transformer la diversité des régimes africains en dichotomie ; ou bien d'une résurgence des tensions sociales en Europe, qui pourrait amener les États-Unis à promouvoir une politique d'accès de l'Europe aux matières premières à bas prix, ce qui aurait pour effet de détruire les bases d'un réformisme africain.

Face à cette incertitude, il est nécessaire d'envisager les moyens de reconstruire une stratégie africaine. Il est alors utile de revenir à ce qui a été le point de départ de cette esquisse c'est-à-dire les trois scénarios définis précédemment.

De 1973 à 1975, le scénario 1 pouvait apparaître comme définitivement dépassé en raison de la stratégie développée par le Sud. C'est en direction du scénario 2 que s'est développée cette stratégie, les éléments du scénario 3 auquel elle faisait appel (renforcement des relations Sud-Sud redéfinition des modèles de développement, etc.) restant secondaires.

La réponse du Nord a pris avantage de cette faiblesse, et tend à orienter l'avenir vers une combinaison des trois scénarios. La dominante est globalement une version minimale, « récupérée », du scénario 2 pour les pays riches en matières premières, rejoignant sur beaucoup d'aspects le scénario 1 pour les pays qui en sont démunis. Mais dans ces derniers pays, le scénario 1 peut être combiné avec une expérimentation ponctuelle puis systématique d'un réformisme basé sur certains éléments du scénario 3, et l'apprentissage de sa récupération par le système capitaliste mondial.

Dans le cas d'échec des tentatives réformistes, qu'il s'agisse des pays riches en matières premières ou des autres, c'est-à-dire dans le cas d'un retour au scénario 1, la réponse du Tiers monde en général ou de l'Afrique en particulier est aisée à définir : c'est la reconstruction de l'unité, préalable au rétablissement du rapport de forces face au Nord. Si cette stratégie a déjà été expérimentée avec un succès seulement relatif, ceci ne constitue pas uniquement un inconvénient. Les hommes et les institutions y ont été préparés, les faiblesses en sont connues et les erreurs de la période 1974-1976 peuvent être évitées.

La réponse à apporter à une tentative de réformisme conséquent est, par constraste, beaucoup moins élaborée. Il y a, semble-t-il, deux dangers à éviter. Le premier est de la surestimer. Ceci peut conduire à renforcer sa crédibilité — et par là même, lui permettre d'atteindre ses objectifs stabilisateurs sans avoir à dépasser un stade d'expérimentation ponctuelle — et à voir se développer les contradictions qui la caractérisent.

Le second danger est de sous-estimer cette tentative et de nier sa réalité si elle finit même par dépasser un stade expérimental. Car alors son effet principal aura été d'accentuer et de consolider les tendances au développement inégal au sein du Tiers monde. Les formes connues de construction de l'unité du Tiers monde, au niveau planétaire ou continental, qui n'ont pas résisté aux simples perspectives d'un éventuel réformisme, seront alors dépassées car impraticables. La critique de ce réformisme, notamment à travers une analyse de ses premières expériences et par une prospective détaillée de ses conséquences, est d'ores et déjà un des moyens de reconstruction des formes nouvelles de l'unité.

Annexe

L'ENJEU DES NÉGOCIATIONS GLOBALES

Une évaluation de cet enjeu peut être fondée sur une série de prévisions concernant l'avenir économique du Tiers monde. Parmi celles-ci, les plus systématiques sont fournies par l'étude des Nations Unies, publiée en 1976 et réalisée sous la direction du Professeur W. Leontief (1).

A partir d'un modèle mondial d'input-output, cette étude examine la cohérence d'une série de scénarios de croissance de l'économie mondiale à l'horizon 2 000. Le scénario le plus sytématiquement étudié (scénario X dans la terminologie de l'étude) est un scénario ambitieux de réduc-

(1) *L'avenir de l'Économie Mondiale,* Nations Unies, New York, 1977.

tion de l'écart de revenus par habitant entre pays développés et pays en voie de développement d'un niveau 12/1 (niveau 1970, qui est celui qui résulterait aussi en l'an 2 000 de l'application de la Stratégie de Développement International recommandée par les Nations Unies pour la Deuxième Décennie du Développement) à un niveau 7/1. Les principales caractéristiques de ce scénario sont définies dans le tableau 2. Il est à noter qu'il reprend les hypothèses moyennes de prévision de population des Nations Unies.

Deux des principales conditions de cohérence de ce scénario méritent un examen particulier:

La première de ces conditions concerne l'investissement. On doit souligner que l'étude est basée, en ce qui concerne l'industrie, sur une croissance du secteur dit moderne, à partir de l'importation des technologies occidentales. Dans ce contexte, l'industrie de transformation doit se développer rapidement : 6 à 7 % de croissance moyenne annuelle dans les pays africains non producteurs de pétrole, 7,5 à 8 % pour les pays asiatiques non producteurs de pétrole, 8,5 à 9 % pour l'Amérique Latine, 14 % pour les pays africains et asiatiques producteurs de pétrole. C'est une stratégie d'industrialisation lourde qui est nécessaire pour atteindre ces objectifs, le développement de l'industrie lourde étant partout plus rapide que celui de l'industrie légère, bien que le poids de cette dernière reste parfois prédominant en 2 000, notamment dans les pays africains non producteurs de pétrole. Il est donc naturel que cette condition se traduise par la nécessité d'une augmentation considérable du ratio de l'investissement (brut) en capital fixe sur la demande finale (investissement plus consommation publique et privée) de 20 % en 1970 à une moyenne de 41 % en l'an 2 000 pour les pays africains et asiatiques producteurs de pétrole, de 17-20 % à 31-33 % pour l'Amérique Latine, de 15 % à 23-25 % pour les pays africains et asiatiques non producteurs de pétrole.

Étant donné que le modèle de développement économique proposé nécessite un maintien des niveaux actuels des dépenses publiques dans des domaines tels que les infrastructures, éducation, santé, etc., c'est une réduction des dépenses militaires et surtout de la consommation individuelle qui en découle : de 68-71 % de la demande finale (son niveau actuel dans la plupart des pays considérés) à environ 60 % dans les pays africains et asiatiques non producteurs de pétrole, 55-57 % pour l'Amérique Latine, 50 % pour les pays producteurs de pétrole africains et asiatiques.

Cette réduction initiale de la consommation privée individuelle se traduirait en fin de période par un niveau de consommation individuelle bien supérieur à celui qui serait atteint avec des taux plus faibles d'investissement. Mais ce qui retient l'attention, c'est le problème économique, social et politique posé par la réduction initiale de la consommation individuelle. Il ne peut être résolu, comme le soulignent les auteurs de l'étude, que par une redistribution radicale des revenus « de manière à ce que les bénéfices d'une croissance plus rapide du revenu par habitant soient pleinement partagés et réservés en priorité aux groupes sociaux les plus pauvres.. » Ainsi, l'étude de W. Léontief fonde la stratégie d'expérimentation réformiste de la nouvelle administration américaine sans toutefois tirer, au niveau des prévisions, les conséquences de son éventuelle

TABLEAU 2

Hypothèses du scénario X

	Pays développés	Pays en voie de développement
Taux de croissance annuel moyen (1970-2000)		
Produit brut	4,0	7,2
Population	0,7	2,3
Produit brut par habitant	3,3	4,9
Écart de revenu en l'an 2000		
Produit brut par habitant dans les pays en voie de développement = 100	769	100

Source : W. Leontief, *op. cit.*

application (développement de secteurs nécessitant un investissement plus faible, sur la base d'une modification de la répartition des revenus ouvrant des débouchés à ces secteurs).

La deuxième de ces conditions concerne l'équilibre des paiements des régions en voie de développement. Sur la base des prix relatifs de 1970 pour les divers produits échangés sur le marché mondial, le scénario X prévoit un déficit de la balance (de base) des paiements de ces régions atteignant un niveau de 190 milliards de dollars — 1970 — pour l'horizon 2 000, résultant essentiellement d'un déficit commercial de ces régions avec les pays développés à économie de marché (tableau 3). En conséquence, le scénario X apparaît comme impossible à réaliser, même si les conditions drastiques concernant le taux d'investissement sont satisfaites.

L'étude envisage alors deux séries de possibilité. La première est d'imposer l'équilibre des paiements à l'ensemble des régions en voie de développement — à l'exception des pays africains et asiatiques producteurs de pétrole pour lesquels le problème ne se pose pas. Il en résulte (scénario A dans la terminologie de l'étude) une croissance mondiale plus faible : 3,9 % en moyenne pour les pays développés, 5,4 % en moyenne pour les pays en voie de développement, inférieure donc aux objectifs de la Stratégie de Développement International des Nations Unies. Dans ces conditions, l'écart de revenu par habitant entre pays développés et pays en voie de développement reste à un niveau identique à celui de 1970.

La deuxième série de possibilités concerne les moyens de combler le déficit des paiements des pays en voie de développement de manière à pouvoir atteindre les objectifs du scénario X.

De toute évidence, c'est d'abord l'hypothèse du maintien des prix relatifs de 1970, adoptée dans le scénario X qui doit être remise en cause. L'étude prévoit d'ailleurs que sur la base des mécanismes de marché, les prix doivent évoluer entre 1970 et 2 000 parallèlement aux prix de production : les prix des matières premières minérales doivent en moyenne augmenter de 267 %, ceux des produits agricoles de 14 %, et ceux des produits manufacturés doivent *diminuer* en moyenne de 6,8 %.

TABLEAU 3

Les balances des paiements dans le scénario X
(milliards de dollars 1970)

	1970	1980	1990	2 000
Balance des paiements, pour 3 régions développées à économie de marché	- 3,4	- 7,7	42,5	202,3
(y compris : biens et services)	2,7	3,0	60,6	219,1
Biens et services par régions				
Amérique du Nord	0,2	1,1	27,6	39,1
Europe de l'Ouest (hauts revenus)	- 0,1	- 0,9	18,5	124,0
Japon	2,6	2,8	14,5	56,0
Revenu net de l'investissement	8,7	16,6	38,8	93,4
Sorties nettes de capital	- 5,3	- 13,5	- 40,0	- 93,9
Aide nette fournie	- 9,5	- 13,8	- 16,9	- 16,3
Balance des paiements pour 6 régions en voie de développement à économie de marché	3,1	9,1	- 32,0	- 189,2
(y compris : biens et services)	0,6	1,9	- 45,7	- 202,7
Biens et services par régions				
Amérique Latine (revenus moyens)	- 0,5	- 7,1	- 21,6	- 57,2
Amérique Latine (bas revenus)	0,2	1,5	- 9,8	- 41,9
Moyens-Orient	5,3	18,4	27,6	4,5
Asie	- 4,2	- 10,3	- 36,0	- 81,0
Afrique (aride)	- 0,6	- 1,8	- 7,3	- 16,2
Afrique (tropicale)	- 0,4	1,2	- 1,4	- 16,9
Revenu net de l'investis.	- 7,9	- 12,4	- 26,7	- 65,5
Sorties nettes de capital	- 2,5	8,6	27,4	72,1
Aide extérieure nette	- 7,9	11,0	13,0	6,9

Source : W. Léontief, *op. cit.*

Le tableau 4 présente l'évolution prévue par le modèle des prix des principales matières premières minérales compatibles avec le scénario X (2). On constate que les niveaux prévus pour 2 000 ont été dépassés dès 1975 en ce qui concerne le pétrole et la bauxite par exemple, mais ce n'est pas le cas du cuivre ou du minerai de fer. Il est alors apparu raisonnable d'adopter comme hypothèse alternative

TABLEAU 4

Prévisions d'évolution du prix des matières premières compatible avec le scénario X (1970 = 100)

	1980	1990	2 000
Cuivre	101	99	259
Bauxite	100	98	117
Nickel	102	139	232
Zinc	100	132	232
Plomb	100	98	222
Minerai de fer	100	102	102
Pétrole	133	289	325
Gaz naturel	154	545	756
Charbon	95	87	86
Autres ressources	98	97	98

Source : W. Léontief, *op. cit.*

(2) Mais non prise en compte dans le scénario X lui-même.

tendant à réduire le déficit des paiements du Tiers monde, celle de l'évolution des prix conforme au tableau 4, ou celle de l'établissement dès 1980 des prix des matières premières minérales prévus pour l'an 2 000 dans le tableau 4. L'effet de ces hypothèses sur les balances commerciales est décrit dans le tableau 5.

On note d'abord que la balance commerciale de l'Europe de l'Ouest devient fortement déficitaire en 1980 et 1990, pour se redresser en 2 000. La balance des paiements de cette région reste d'ailleurs déficitaire en 2 000, et il en est de même du Japon. L'effet discriminant des hausses de prix des matières premières — essentiellement du pétrole — sur les diverses économies du Nord est ainsi confirmé. La balance commerciale globale des paiements des pays en voie de développement est équilibrée, mais au prix d'un écart accru entre les régions exportatrices de matières premières (pays pétroliers africains et asiatiques, Afrique tropicale, pays latino-américains à bas revenu) qui bénéficient de cette évolution des prix, et les autres régions en voie de développement. Le problème global posé par le déficit de la balance des paiements est donc résolu par ce qui équivaut à une indexation du prix du pétrole à partir d'un niveau voisin de son niveau actuel, et du prix d'autres matières premières à un niveau supérieur à leur niveau actuel. D'autres formules analogues, mais basées sur une modification des prix relatifs des matières premières au profit des minerais métalliques, mais surtout des matières premières agricoles, telle qu'elle pourrait résulter d'accords d'indexation et de compensation inter-matières premières (3) — aboutissent au même résultat global, ou à un résultat global encore plus favorable au Tiers monde, mais surtout mieux réparti. Le tableau 6 résume l'effet de ces autres formules, au-delà de ceux qui sont pris en compte dans le tableau 5.

L'indexation du prix des matières premières peut donc permettre de résoudre le problème posé par le déficit des paiements des régions en voie de développement, à condition que les mécanismes de transfert entre régions du Tiers monde soient prévus. Il en est de même d'une modification

(3) Principales modifications : prix de la bauxite, du minerai de fer, du charbon et des produits agricoles tropicaux multipliés par 2 dès 1980.

TABLEAU 5

Évolution de la situation de la balance commerciale résultant de l'évolution des prix relatifs en 1970 1990, et 2 000 (milliards de dollars)

	1980		1990		2 000
	1	2	1	2	1 et 2
Amérique du Nord	- 0,9	- 0,6	- 1,1	7,6	6,1
Europe de l'Ouest (hauts revenus)	- 5,7	- 44,3	- 64,7	- 87,5	- 102,1
Japon	- 2,2	- 19,0	- 31,5	- 44,1	- 62,6
3 Régions développées à économie de marché	- 8,8	- 63,9	- 97,3	124,0	- 158,6
Amérique Latine (revenus moyens)	0,0	- 0,3	- 13,8	- 12,6	- 29,2
Amérique Latine (bas revenus)	1,3	9,9	14,0	18,6	- 27,3
Moyen-Orient	6,2	50,2	100,6	135,5	210,2
Asie	0,0	- 0,8	- 7,6	- 8,9	- 21,8
Afrique (aride)	0,1	0,3	0,5	0,4	1,0
Afrique (tropicale)	0,0	4,7	0,3	11,6	14,1
6 Régions en voie de développement à économie de marché	7,6	64,0	94,0	144,6	201,6

1 = différence nette entre le scénario X (tableau 3) et l'hypothèse alternative due aux prix du tableau 4.

2 = idem, due aux prix du tableau 4 en l'an 2000 imposés dès 1980.

Source : W. Léontief, *op. cit.*

TABLEAU 6

Évolutions de la balance commerciale dues à l'accroissement des prix de certaines ressources minérales et de certains produits agricoles (milliards de dollars 1970)

	1980	1990	2 000
Amérique du Nord	0,7	3,0	1,5
Europe de l'Ouest (hauts revenus)	— 8,5	— 16,6	— 6,3
Japon	— 12,4	— 15,8	— 14,8
3 Régions à économie de marché développées	— 20,2	— 29,4	— 19,6
Amérique Latine (revenus moyens)	4,0	7,4	5,5
Amérique Latine (bas revenus)	3,2	5,8	3,5
Moyen Orient	—	—	—
Asie	5,0	5,5	4,9
Afrique (aride)	0,8	0,7	0,8
Afrique (tropicale)	6,4	13,0	5,0
6 régions en voie de développement à économie de marché	19,4	32,2	19,7
Effets dus aux prix préférentiels pour			
Cuivre	6,0	14,3	—
Bauxite	0,2	0,3	0,2
Nickel	1,0	2,0	3,0
Minerai de fer	2,8	8,3	12,0
Charbon	— 0,2	— 0,6	— 1,6
« Biens agricoles divers »	9,6	7,9	6,1

Source : W. Léontief, *op. cit.*

de l'accès des régions en voie de développement aux financements internationaux (4), mais non d'une modification même importante de la croissance des exportations agricoles et industrielle (produits transformés), accompagnée d'une accélération du processus de substitution à l'importation (industrie légère, produits de base, biens d'équipement) en faveur des régions du Tiers monde non productrices de matières premières (pays d'Amérique Latine à revenus moyens, pays d'Asie à faibles revenus, Afrique aride).

Il est par ailleurs significatif que l'amélioration de la balance globale des paiements du Tiers monde se fasse, dans le cas du scénario « financier », au détriment des pays pétroliers et des États-Unis, alors qu'il se fait essentiellement au détriment de l'Europe pour le scénario accélération des exportations-accélération de la substitution à l'importation.

Que peut-on conclure de cette analyse ? Une probabilité quelconque de réalisation d'un scénario ambitieux, tel que le scénario X évoqué ci-dessus, nécessite :

— une redistribution radicale des revenus dans le Tiers monde, aux dépens de la consommation privée et en faveur de l'investissement,

— un desserrement de la contrainte de la balance des paiements pour le Tiers monde, qui ne peut être acquise qu'à travers une revalorisation durable des matières premières exportées ou à travers des modifications des conditions d'accès du Tiers monde aux liquidités internationales.

Si l'une de ces deux conditions n'est pas remplie, le modèle de développement proposé implicitement dans cette analyse (industrialisation extravertie à partir des techniques existantes dans les pays développés) n'est pas à même d'atteindre les objectifs de croissance fixés au départ.

C'est, on le sait, la deuxième contrainte qui est l'enjeu

(4) Le scénario qui examine les solutions financières est basé sur les hypothèses suivantes :

— une augmentation de 20 % des exportations de capital au niveau mondial, la répartition de ces capitaux par destination étant la même que dans le scénario X,

— une réduction du taux d'intérêt des emprunts internationaux (à 60 % au lieu de 8 % pour le scénario X),

— un accroissement de 33 % de l'aide accordée par les pays développés.

des négociations globales entre le Nord et le Sud. Les deux propositions aptes à résoudre le problème qu'elle pose sont précisément, parmi les propositions avancées par le Sud au cours de ces négociations globales, celles qui sont le plus fermement rejetées. La réponse du Nord, et plus précisément la réponse réformiste américaine, consiste à favoriser la redistribution des revenus, mais en même temps à rejeter le modèle d'accumulation implicitement proposé dans l'analyse de W. Léontief, afin d'éviter que ce refus au niveau de la négociation globale n'implique un retour à une variante du scénario A.

Il importe enfin de souligner que ce scénario A n'implique pas uniquement une croissance économique des régions en voie de développement plus faible que dans le scénario X, mais une croissance plus faible de l'économie développée : 3,9 % par an en moyenne au lieu de 4 %, ce ralentissement étant dû à celui des importations des régions en voie de développement. Ce n'est d'ailleurs pas la magnitude du ralentissement qui importe, mais le fait que la corrélation entre croissance des régions développées et croissance des régions en voie de développement soit positive dans le cadre de ce modèle.

4

Les perspectives sectorielles en Afrique

par *Alexandre Faire*

Sans revenir ici sur la présentation d'une image ou d'un bilan de l'industrialisation africaine, on peut néanmoins en rappeler les grandes lignes :

— L'industrie, prise au sens large, est une activité largement minoritaire en Afrique (environ 10 % de la population active des pays en voie de développement africains en 1970, contre 7, % en 1950), plus encore que dans les autres régions du Tiers monde. Une industrialisation même rapide, si on la mesure en termes de taux de croissance, ne peut être une solution miracle pour le développement de l'Afrique, le niveau de départ étant bas.

— L'industrie africaine reste avant tout une industrie extractive. Les pays dont la part de l'industrie dans le PIB est la plus élevée sont les grands exportateurs de ressources minérale ou énergétiques. (Algérie, Libye, Mauritanie, Guinée, Libéria, Nigéria, Gabon, Zaïre, Zambie, etc.) ce sont aussi ceux dont la part de l'industrie dans le PIB s'accroît le plus rapidement.

— En ce qui concerne les industries de transformation, l'Afrique est aussi caractérisée globalement par un retard substantiel (en termes d'emploi par rapport à la population active, en termes de contribution au PIB) par rapport aux autres régions du Tiers monde. La croissance rapide de ces industries depuis les années soixante en Afrique n'a pas, et il s'en faut de beaucoup, permis de combler ce retard. On ne trouve pas en Afrique d'analogues de l'industrie de transformation mexicaine, brésilienne, indienne, coréenne, et dans aucun pays d'Afrique les exportations de produits manufacturés ne représentent une contribution majeure aux recettes extérieures.

— Dans le domaine des industries de transformation les principales disparités opposent les extrêmes du continent (Afrique du Nord et en particulier Egypte et Algérie, Afrique du Sud) au reste du continent. En ce qui concerne le reste du continent, cette activité industrielle est mieux répartie que l'activité extractive.

— Les industries de base (sidérurgie, pétrochimie, chimie, transformations des métaux) sont embryonnaires si l'on excepte l'Afrique du Nord (surtout l'Égypte et l'Algérie) et la région d'Afrique australe (essentiellement Afrique du Sud et Zimbabwe) : quelques réalisations de petite taille, non intégrées, les projets actuels, plus ambitieux, ayant encore des statuts incertains. Ce sont les industries légères qui prédominent : textile, industries agro-alimentaires, bois et ameublement, cuir, transformation des matières plastiques, etc.

— Les industries légères ne sont pas des industries d'exportation (à l'inverse de ce qui est le cas dans d'autres régions du Tiers monde, la délocalisation des industries légères à forte composante de main-d'œuvre textile, cuir, électronique etc. touche très peu l'Afrique, à l'exception de l'Afrique du Nord) mais essentiellement des industries de substitution à l'importation (1). Un examen plus détaillé de leur contenu montre qu'elles sont orientées vers la seule demande solvable significative : celle des moyens et hauts revenus urbains, celle des hauts revenus ruraux. Ceci explique le plafonnement des processus d'industrialisation par substitution aux importations dans les pays dont les revenus extérieurs ne s'accroissent pas rapidement (pays miniers, pays dont la base agricole d'exportation se développe encore

(1) Sucrerie, confiserie, tabac, allumettes, brasserie, conserveries, confection. Il faut ajouter quelques industries de valorisation des matières premières agricoles exportées (huileries, torréfaction du café ou du cacao, etc.).

et dont les produits connaissent des évolutions de prix favorables sur le marché mondial).

— A l'exception de ce qui est le cas pour un petit nombre de pays ayant engagé le processus de construction d'une industrie nationale ou nationalisée indépendante des intérêts étrangers — sans toujours réussir par ailleurs à se dégager d'une domination étrangère qui prend des formes nouvelles — la part des intérêts étrangers dans l'industrie africaine reste prédominante (2).

— C'est le cas pour l'industrie minière qui continue largement à être celle qui attire le plus de capitaux étrangers, mais c'est aussi le cas des industries de transformation. Ces intérêts étrangers ne concernent pas uniquement les géants multinationaux, mais parfois des entreprises qu'on considère comme moyennes au niveau mondial. La continuité avec la période coloniale se manifeste par la diversification industrielle des anciennes « maisons de commerce », parfois en liaison avec des capitaux locaux privés ou publics, et par l'encadrement étroit du secteur bancaire (dépôt et investissement) africain par les intérêts bancaires étrangers. A l'inverse de ce qui est le cas pour d'autres régions du Tiers monde, les intérêts européens prédominent en général sur les intérêts américains.

Sans revenir non plus sur la discussion des perspectives ouvertes par la crise économique mondiale, ce texte a pour objet de préciser une prospective des différents secteurs de l'industrie africaine, en mettant l'accent sur l'Afrique intertropicale dans le cadre général tracé par le texte « Stratégies du Nord et Stratégies du Sud. Quelques hypothèses pour l'Afrique », dont ce texte constitue un complément. Il va donc de soi qu'il s'agit d'une des prospectives possibles de l'industrie africaine, comme le montre clairement le texte « Scénarios, Stratégies d'industrialisation de l'Afrique et division internationale du travail » qui rend compte des débats de la Conférence sur l'Afrique et la Problématique du Futur.

(2) Voir à ce sujet le recueil « *Multinational Firms in Africa* », présenté par C. WIDSTRAND.

L'industrie minière

On doit d'abord rappeler l'importance de la part de l'Afrique dans la production minière mondiale. En 1972, cette part était de 80 % pour l'or, 70 % pour les diamants, 72 % pour le cobalt, 33 % pour le chrome, 34 % pour le manganèse, 26 % pour les phosphates, 20 % pour le cuivre, 22 % pour l'uranium, 11 % pour le pétrole, 6 % pour la bauxite.

Entre 1960 et 1973, la production de ces matières premières minérales africaines a augmenté de manière considérable. Elle a été multipliée par 20 pour le pétrole, par 4,7 pour le minerai de fer, 2,3 pour la bauxite etc., mais elle est restée stagnante ou a décliné pour d'autres matières telles que le charbon, les diamants, le plomb, le zinc, l'or, l'étain.

Dans le cadre prospectif envisagé ici, ces tendances de développement de l'extraction de matières premières minérales doivent se confirmer au cours des vingt prochaines années, mais bien entendu à des rythmes différents pour les différentes ressources concernées : un rythme moins élevé pour l'extraction pétrolière par exemple, un rythme substantiellement plus élevé pour l'extraction de bauxite avec la mise en valeur du gisement de Boké en Guinée, par exemple.

1. L'extraction des ressources minérales

On peut, pour avoir une estimation globale de l'importance de cette tendance, se référer à une récente étude des Nations Unies sur l'avenir de l'économie mondiale (3).

Cette étude explore la cohérence d'un scénario de croissance rapide de l'économie mondiale (scénario X dans la terminologie de l'étude) dans lequel l'écart de revenu par habitant entre les régions développées et les régions en voie de développement est réduit d'un niveau de 12/1 (en 1970) à un niveau de 7/1 (en l'an 2 000).

Le tableau 1 présente les hypothèses de croissance retenues dans ce scénario, ainsi que les conséquences de ces

(3) Etude dirigée par W. LEONTIEF et publiée en 1977. Voir aussi l'annexe au texte « Stratégies du Nord et Stratégies du Sud ».

TABLEAU N° 1

TAUX DE CROISSANCE ANNUELS MOYENS DE LA CONSOMMATION DES RESSOURCES NATURELLES (1970-2000)

	Pays développés à économie de marché	Pays développés à économie planifiée	Pays en voie de dévelop.
Taux de croissance du P.I.B.	3,6	5,1	7,2
Taux de croissance de la consommation des ressources naturelles			
Cuivre	4,2	5,8	8,7
Bauxite	3,9	5,8	7,3
Nickel	3,6	5,4	7,1
Zinc	3,7	5,4	7,6
Plomb	4,1	5,9	8,6
Fer	4,0	5,4	7,9
Pétrole	4,1	6,1	9,1
Gaz naturel	3,0	6,6	10,4
Charbon	5,0	5,1	6,4

Source : W. Léontief, *op. cit.*

hypothèses sur la croissance de la consommation d'une série de ressources minérales.

En ce qui concerne les réserves, ce scénario s'appuie sur les estimations les plus prudentes de l'USBM, et ne prend en compte que les réserves dites prouvées. Des estimations plus optimistes sont utilisées dans un scénario alternatif, la différence entre ces deux estimations concernant essentiellement les régions en voie de développement, pour le cuivre exclusivement. De fait, ces dernières estimations traduisent des effort récents d'exploration du Tiers monde, entrepris à la suite du mouvement de constitution des associations des pays producteurs. Dans ces conditions, l'extraction de ressources minérales se développe selon les rythmes indiqués dans le tableau 2.

Quelle doit être la part de l'Afrique dans cet accroissement ?

TABLEAU N° 2

EXTRACTION DES RESSOURCES NATURELLES (1)

Cuivre	1970	2,5	1,0	2,5
	2000	7,2 (6,1)	2,7 (5,0)	20,8 (19,0)
Bauxite	1970	2,9	1,4	6,2
	2000	23,2	3,9	17,2
Nickel	1970	326,5	114,7	206,6
	2000	467,2 (7773,6)	539,6	1829,2 (1528,7)
Zinc	1970	3,1	0,9	1,3
	2000	10,7	0,1	5,9
Plomb	1970	1,7	0,8	0,9
	2000	7,3	3,9	5,7
Fer	1970	161,3	121,3	129,8
	2000	434,7	653,9	811,7
Pétrole	1970	770,9	482,4	1741,9
	2000	3 165,3	2 308,4	10 205,1
Gaz nat.	1970	1 018,4	308,7	98,4
	2000	2 473,6	2 328,7	1 572,1
Charbon	1970	974,4	615,0	495,3
	2000	4 617,5	2 578,2	3 112,5

Source : W. Léontief, *op. cit.*

(1) Millions de tonnes métriques de métal contenu sauf pour le nickel (milliers de tonnes de métal contenu) et le pétrole et gaz (équivalent charbon).

En ce qui concerne le cuivre (tableau 3), on note que l'approvisionnement mondial s'appuie sur le développement de la production dans quatre régions : l'Amérique du Nord, les deux régions d'Amérique Latine, et l'Afrique tropicale, c'est-à-dire essentiellement la Zambie et le Zaïre. La progression des exportations de cette zone est rapide et régulière jusqu'en 1990 (doublement tous les 10 ans) mais elle se ralentit entre 1990 et 2 000.

TABLEAU N° 3

PRÉVISIONS D'EXPORTATIONS NETTES DE CUIVRE
(en millions de tonnes)

	1970	1980	1990	2000
Amérique du Nord	2,1	0,5	1,2	1,8
Amérique Latine (Revenu moyen)	0,4	0,9	2,4	5,7
Amérique Latine (Revenu faible)	0,2	2,4	1,2	2,7
Europe de l'Ouest (Hauts revenus)	— 1,7	— 2,5	— 4,6	— 6,3
Europe de l'Ouest (Revenus moyens)	— 0,1	— 0,2	— 0,9	— 2,5
Union Soviétique	4,1	0	— 1,3	— 1,8
Europe de l'Est	— 0,1	— 0,1	— 0,5	— 0,8
Asie, Economies planifiées	0	— 0,1	— 0,3	— 1,2
Japon	— 0,7	— 1,4	— 2,7	— 4,1
Asie (Revenus faibles)	0,2	0,2	0,2	— 2,0
Moyen-Orient	0	— 0,1	— 2,2	— 2,8
Afrique aride	0	0	0	— 0,2
Afrique tropicale	1,1	2,1	5,3	6,9
Afrique australe	0,1	0,1	0,3	0
Océanie	0,1	0,1	0,3	0,5

Source : W. Léontief, *op. cit.*

On peut déduire des conclusions importantes de ces prévisions. En effet, dans l'étude considérée, c'est à l'ordre de rentabilité des gisements que renvoie l'ordre d'exploitation de ces gisements. Le développement rapide des exportations de cuivre en Amérique Latine (revenus faibles) jusqu'en 1980, et de l'Afrique tropicale jusqu'en 1990, implique que ce sont dans ces régions que se trouvent les gisements les plus rentables. Les gisements latino-américains (revenus moyens) qui connaissent une croissance forte entre 1990 et 2 000 correspondent à une fourchette de coûts plus élevés.

	BAUXITE (en million de tonnes) (de métal contenu)				MINERAI DE FER (en million de tonnes) (de métal contenu)			
	1970	1980	1990	2000	1970	1980	1990	2000
Amérique du Nord	— 3,5	— 5,4	— 6,7	— 8,5	3,7	6,2	23,4	42,9
Amérique Latine (Revenus moyens)	— 0,1	0,1	0,2	0,8	20,1	27,8	98,2	164,6
Amérique Latine (Revenus faibles)	4,8	8,0	13,6	0,8	12,4	15,4	46,8	71,6
Europe de l'Ouest (Hauts revenus)	— 2,4	— 3,9	— 7,2	— 9,7	— 47,1	0	— 153,5	— 153,3
Europe de l'Ouest (Revenus moyens)	0,5	0,5	0,4	0,8	— 1,0	— 1,4	0	0
Union Soviétique	— 0,2	— 1,0	— 2,8	— 3,7	27,1	37,0	126,3	200,3
Europe de l'Est	2,2	2,3	0	0	22,4	— 40,9	— 79,2	— 110,7
Asie, Économies planifiées	0	0,1	— 0,4	— 0,9	0	0	— 41,8	135,4
Japon	— 1,1	— 2,2	— 3,9	— 5,6	— 57,6	— 115,2	— 174,0	— 261,2
Asie	0,2	0,3	— 0,2	— 1,1	16,2	23,1	74,8	121,6 (Faibles revenus)
Moyen-Orient	0	— 0,1	— 0,4	— 1,2	1,0	0,2	— 14,2	— 54,9
Afrique aride	0	0	0	— 0,1	6,3	3,1	4,7	0
Afrique tropicale	0,2	0,8	2,0	8,6	18,8	23,1	65,5	100,2
Afrique australe	— 0,1	— 0,1	— 0,2	— 0,7	2,2	1,5	0	0
Océanie	1,5	2,8	5,5	20,4	20,4	20,0	28,1	14,3

Source : W. Léontief, *op. cit.*

C'est dire que les résultats ci-dessus concernant l'Afrique tropicale sont peu sensibles aux conditions générales de croissance économique utilisées dans ce scénario X. On peut effectivement remettre en cause les prévisions de consommation, donc d'importations, de cuivre en Asie (hors Japon), en Union Soviétique, qui se développent surtout à partir de 1990, sans remettre en cause la croissance des exportations en provenance d'Afrique tropicale.

En ce qui concerne la bauxite (tableau 4), l'Afrique tropicale est, avec l'Australie, l'un des deux grands exportateurs à l'horizon 2 000. Les gisements de bauxite sont multiples : ceux qui sont déjà exploités au Ghana et en Sierra Léone, les gisements non encore exploités au Mozambique, en Angola, en Guinée Bissau, au Mali. Les plus importants sont ceux de Guinée. Le gisement de Badé Konkouré a un potentiel médiocre. Il est déjà exploité et la bauxite est transformée en alumine sur place. Le gisement de Boké et de sa région est, par contre, avec ceux d'Australie et du Brésil (non encore mis en valeur), parmi les plus importants du monde (environ 20 % des réserves mondiales prouvées à lui tout seul). Il a commencé à être exploités en 1973, et la bauxite qui est extraite se révèle d'excellente qualité. Sa proximité relative des marchés européens et américains contribue à en faire le gisement le plus rentable au monde à l'heure actuelle. C'est pour cela qu'on doit supposer que les prévisions du tableau 4 qui permettent d'escompter une exploitation massive des gisements australiens et brésiliens d'ici 1990, la Guinée commençant à prendre le relais à partir de 1980, et surtout de 1990, doivent probablement être amendées dans le sens d'un développement plus rapide de l'extraction de la bauxite guinéenne et de la bauxite camerounaise, dont la décision de mise en valeur vient d'être fermement prise.

Dans ces conditions, la croissance des exportations de bauxite ne devrait pas dépendre des hypothèses spécifiques du scénario X. Là encore une croissance rapide est garantie quelle que soit l'évolution de la demande dans le Tiers monde.

La concurrence est beaucoup plus vive en ce qui concerne le minerai de fer (tableau 4). Des gisements importants et compétitifs peuvent être développés dans plusieurs régions du monde. On doit toutefois souligner le caractère exceptionnel (teneur, coûts d'extraction) des gisements de Guinée et du Libéria.

La bauxite, le cuivre, le minerai de fer, sont les trois matières premières métalliques majeures pour lesquelles l'Afrique au sud du Sahara doit être globalement un exportateur net de première importance à l'horizon 2 000. Au-delà de ces trois matières premières majeures, l'Afrique au sud du Sahara joue déjà et jouera un rôle important pour toute une série d'autres matières premières. Ceci concerne le cobalt, associé au minerai de cuivre (Zaïre, Zambie) ; le chrome (Afrique du Sud, Zimbabwe) ; l'or (Afrique du Sud) ; le manganèse (Afrique du Sud, Gabon) ; les métaux du groupe du platine (Afrique du Sud, Rhodésie, et dans une moindre mesure Ethiopie) ; l'uranium (Afrique du Sud, Niger et dans une moindre mesure Gabon et Empire Centrafricain) ; le vanadium (Afrique du Sud) ; le diamant industriel (Zaïre, Botswana, Afrique du Sud, Ghana).

A ceci, il faut ajouter une série de matières premières — essentiellement le pétrole — pour lesquelles l'Afrique sera globalement importatrice nette, mais pour lesquels certains pays sont des exportateurs nets importants (Angola, Nigéria, Gabon, Algérie, Libye).

Il s'agit là des gisements majeurs. Il est certain que leur concentration dans les parties centrales et australes du continent reflète au moins en partie l'intensité de l'exploration dans cette région, d'autres gisements majeurs pouvant être découverts dans les prochaines années, au fur et à mesure de la diversification géographique des efforts de recherche. Bien entendu, il existe de plus des petits gisements parfois de bonne qualité, dont l'exploitation peut jouer un rôle au niveau de l'approvisionnement national, voire régional, mais ne peut pas avoir un effet d'entrainement important au niveau de l'économie dans son ensemble.

2. *L'industrie de première transformation*

Ce qui précède confirme l'importance croissante du rôle de l'Afrique dans l'approvisionnement mondial en matières premières minérales. S'il ne s'agissait que de cet aspect, on ne verrait qu'une prolongation — et une accentuation — des tendances du passé. Au-delà de ces tendances, et dans le cadre prospectif qui a été fixé ici, l'enjeu des deux prochaines décennies est, pour l'Afrique au sud du Sahara, celui de l'implantation d'une industrie de première transformation de ces ressources minérales. Pour saisir cet enjeu, on peut se référer à l'exemple de la bauxite.

Les perspectives d'implantation d'une industrie de l'alumine et même de l'aluminium sont a priori extrêmement favorables, car, le contexte d'une croissance faible au niveau mondial implique une intensification de la concurrence par les prix entre les grands groupes producteurs, et donc une tendance beaucoup plus importante que par le passé à rechercher la minimisation des coûts de production. Dans la filière de l'aluminium, les technologies fondamentales sont assez stables pour qu'il n'y ait pas de différenciation importante entre grands groupes à ce niveau. Trois facteurs jouent un rôle primordial dans les conditions actuelles : la qualité et le coût d'extraction du minerai de bauxite considéré, le coût de transport du minerai, le coût d'accès à l'énergie électrique pour la transformation d'alumine en aluminium. Ce sont les deux derniers facteurs qui importent ici. L'implantation d'unités Bayer, transformant la bauxite en alumine, près des gisements de bauxite représente une économie substantielle, puisque le transport d'alumine revient environ deux fois moins cher — à quantité d'aluminium contenu équivalente — que le transport de la bauxite. Ceci implique que pour de longues distances, et même s'il s'agit de minerais de qualité, il est indispensable de transformer la bauxite en alumine sur place. C'est ce qui est fait en Australie pour la majeure partie de la bauxite extraite. L'intensification de la concurrence par les coûts doit accentuer cette tendance et favoriser la transformation de bauxite en alumine sur place, même pour les distances plus faibles telles que Guinée-Europe ou Guinée-Amérique du Nord, et à cet égard on doit noter que les firmes américaines ont déjà implanté des unités Bayer dans les Caraïbes et en Amérique Latine (Guyane), depuis les années soixante. En Guinée même, une unité Bayer fonctionne à Fria. Les perspectives de l'extension de cette activité en Guinée, en liaison avec l'exploitation du gisement de Boké sont déjà envisagées et doivent aisément dépasser le seuil de rentabilité.

Une partie de l'alumine de Fria est transformée en aluminium au Cameroun par ALUCAM, une filiale conjointe du Gouvernement camerounais et de PUK. La modeste unité de production d'ALUCAM a été installée pour tirer avantage de l'accès à l'électrictité d'origine hydraulique, donc à bas prix, produite par le barrage d'Edea (156 000 Kw), qui fait du Cameroun le 2e producteur d'hydro-électricité en Afrique francophone à l'heure actuelle. C'est en liaison avec les grands barrages actuellement construits (Inga au Zaïre, Cabora Bassa au Mozambique, Akosombo au Ghana, etc.), ou avec les projets hydro-électriques d'envergure dans les pays excédentaires en électricité (extensions d'Inga, aménagement du fleuve Sénégal, mise en valeur du potentiel hydro-électrique guinéen, etc.) qu'on doit envisager l'implantation d'une industrie de l'aluminium en Afrique, allant au moins jusqu'au stade du métal primaire, étant donnée l'importance du coût de l'énergie dans le coût de transformation.

Quelles sont les raisons qui pourraient aller à l'encontre d'une telle évolution ? Il y a d'abord la faible croissance de l'économie mondiale. Celle-ci, jointe à l'implantation des quatre dernières années, a rendu beaucoup plus rentable l'extension des capacités existantes de production d'alumine et d'aluminium que l'installation de nouvelles capacités. De plus, du fait des investissements massifs dans l'industrie de l'aluminium dans la deuxième moitié des années soixante et au début des années soixante-dix, les capacités sont à l'heure actuelle excédentaires. L'installation de nouvelles capacités de production ne peut être envisagée de manière significative qu'au début des années 80.

A cet horizon, ce sont les incertitudes politiques qui peuvent freiner la réalisation de ces projets. Là encore, le cas de la bauxite est relativement exemplaire, puisque c'est un consortium où les firmes américaines (Alcoa, Kaiser) sont leader, qui a entrepris l'exploitation du gisement de Boké conjointement avec le gouvernement guinéen (4). La nature du régime guinéen n'a pas empêché le financement des infrastructures lourdes nécessaires à l'exploitation de ce gisement par la Banque Mondiale et l'USAID. Cette coopération n'a pas été sérieusement remise en cause par l'adhé-

(4) D'autres projets d'exploitation de bauxite sont en cours avec l'Union Soviétique (Debele), avec la Suisse (Touga), avec le gouvernement yougoslave (Dabola).

sion de la Guinée à l'IBA et la hausse des taxes à l'exploitation de la bauxite guinéenne. Le consortium HALCO a d'ailleurs accepté une participation minoritaire mais importante (49 %) du gouvernement guinéen dans l'exploitation du gisement de Boké. Ce qui importe, c'est la garantie d'approvisionnement que le gouvernement guinéen semble à même d'accorder. C'est au niveau mondial, celui de la mise en concurrence des pays producteurs entre eux, que les revendications considérées comme excessives au niveau des prix sont contrées (développement accéléré possible des gisements australiens et brésiliens). La Guinée, comme le Viet-nam Nord par exemple, ne sera sans doute pas considérée comme ayant un mauvais « climat d'investissement », même pour des investissements aussi importants que ceux qui sont requis pour les unités Bayer ou les fonderies d'aluminium. On doit d'ailleurs prévoir qu'ils aient lieu sous forme de joint-ventures, le partenaire des gouvernement locaux étant un consortium, ce qui permet de minimiser les risques de chacun des partenaires privés d'être confronté à des décisions unilatérales.

Il n'en n'est pas de même du Zaïre où un projet de fonderie du groupe américain REYNOLDS (capacité annuelle de 350 000 t.) a été envisagé en liaison avec la bauxite guinéenne et l'énergie hydro-électrique d'Inga. L'attitude du gouvernement zaïrois vis-à-vis des investissements étrangers importe moins que les capacités de l'appareil d'état à garantir la continuité de ses engagements.

Le cadre prospectif qui a été fixé précédemment implique que ces problèmes puissent être résolus, au Zaïre, comme en Afrique australe. Il implique aussi que l'appareil d'état américain soit plus disposé à inciter (en contribuant à garantir les risques) les multinationales minières à renforcer leurs positions en Afrique — notamment en participant à l'implantation d'une industrie de première transformation — que les appareils d'état européens ou japonais.

Quels sont en effet les enjeux pour l'appareil d'état américain et les firmes américaines ?

On doit en premier lieu rappeler que, globalement, c'est vers l'Europe et le Japon que sont destinées les exportations de matières premières africaines. Les États-Unis eux-mêmes ne sont concernés que marginalement, et leur approvisionnement est assuré essentiellement dans l'hémisphère américain. Quelques matières premières — essentiellement les métaux rares (cobalt, manganèse, chrome) — font exception. Les pays concernés sont le Zaïre, le Gabon et surtout l'Afrique du Sud. Hors de ces cas particuliers, si le pari américain éventuel sur l'industrie minière africaine est gagnant, les firmes européennes et japonaises seront concurrencées par des structures plus compétitives du fait d'une meilleure structure des localisations des diverses étapes de la production. Si des difficultés se présentent, les firmes américaines peuvent les résoudre en consentant à une hausse des prix des matières premières concernées et en les répercutant sur les consommateurs européens. Très évidemment, les appareils d'état européens, concernés par leurs balances des paiements, ne peuvent pas inciter aussi aisément leurs firmes à prendre de tels risques.

3. *Le modelage par les grands projets énergétiques :*

Si la métallurgie de l'aluminim reste embryonnaire en Afrique, il n'en n'est pas de même de celle du cuivre. En effet, en 1973 la quasi-totalité du minerai extrait en Afrique est transformée en blisters ou concentrée près du lieu d'extraction : la faible teneur des minerais — donc l'importance des coûts de transports — l'impose au Zaïre, en Zambie, comme partout dans le monde. Si la Zambie raffine la quasi-totalité de son cuivre, il n'en n'est pas de même du Zaïre qui exporte des blisters et concentrés en Europe pour environ 50 % de sa production. Il est prévu, d'ici 1980, de raffiner la totalité du cuivre zaïrois sur place, en utilisant une partie de la production électrique du barrage d'Inga (1re tranche) qui parvient à la région de Shaba par l'une des plus longues lignes à haute tension du monde. La raffinerie de cuivre a donc pour perspective de se développer au même rythme que celui de l'extraction du minerai.

L'énergie électrique à bon marché, donc l'énergie hydro-éclectrique, joue aussi un rôle déterminant pour la transformation de la chromite en chrome ou en alliages chromés. Jusqu'à présent, l'Afrique du Sud et le Zimbabwe exportent une partie de leur minerai sous forme de chromite. Les tendances récentes sont néanmoins à l'installation d'unités de transformation de plus en plus grandes dans les pays où l'énergie est à bon marché. C'est le barrage de Cabora Bassa qui peut jouer à ce niveau un rôle déterminant, à condition bien entendu que soient résolus les antagonismes entre le Mozambique et les pays africains non indépendants. On peut dire autant du manganèse, dont la transformation en ferro-manganèse est aussi fortement consommatrice d'électricité. On comprend donc comment l'expansion du potentiel hydro-électrique africain et plus généralement de la production énergétique peuvent modeler l'industrie de première transformation des matières premières.

Deux grandes réalisations retiennent d'abord l'attention. Le barrage de Cabora Bassa doit produire annuellement 18 milliards de Kwh, à un coût de 0,2 cent le Kwh, défiant donc toute concurrence en Afrique, et même à un niveau mondial. Pour le moment, c'est à l'industrie métallurgique sud-africaine, qui a participé à sa réalisation, qu'il profite en premier lieu. Les ressources minérales mozambicaines sont encore mal évaluées (fer, titane, vanadium, manganèse, nickel, bauxite), il est difficile de savoir où elles peuvent servir de base à un développement des industries de transformation. Si elles l'étaient, le potentiel électrique de l'Afrique du Sud pourrait être assuré par le Zimbabwe (barrage de Kariba), et à plus long terme par la gazéification du charbon et l'implantation de centrales nucléaires. En tout état de cause, et quelle que soit la division du travail au sein de la partie sud du continent, sa richesse en ressources rares fait que le potentiel énergétique pourra être ajusté au développement des industries de premières transformations.

Le potentiel électrique du projet d'Inga doit contribuer à l'approvisionnement énergétique de la région cuprifère de Shaba. Lors de son achèvement au début des années 1980, le complexe de barrages d'Inga doit produire annuellement environ 90 milliards de Kwh. Les perspectives ouvertes par cette énorme offre concernent la transformation au Zaïre de minerais de pays avoisinants (gisements éventuels de nickel du Burundi), voire plus lointains (gisements de bauxite du Cameroun, de Guinée, de fer du Gabon lié à l'achèvement du transgabonais, etc.). Ce potentiel hydro-électrique incitera même à extraire et transformer des gisements à la limite de la rentabilité. Un éventuel excédent hydro-électrique peut même être résolu par la fourniture d'énergie électrique zaïroise à d'autres pays africains, soit à travers des lignes à haute tension (Zambie, Gabon), soit à travers la fabrication, le transport, puis la combustion de l'hydrogène. D'autres grands projets ont une dimension moins spectaculaire. L'aménagement de l'aval de la Volta Noire, entrepris conjointement par le Ghana et la Haute-Volta, peut néanmoins permettre un développement de l'industrie de l'aluminium ghanéenne (bauxite, alumine, aluminium). Le projet de barrage de Kossou en Côte-d'Ivoire ne doit pas avoir pour vocation d'implanter une industrie de transformation des ressources minérales, mais d'alimenter les villes et de développer la production agricole. C'est aussi cette dernière vocation qui prédomine encore pour le projet d'aménagement du fleuve Sénégal (environ un milliard de Kwh par an pour la première phase des travaux qui devront s'achever avant 1983), malgré les gisements de fer de Falémé et les gisements de bauxite malienne. Enfin, le projet de barrage de Koukoutomba en Guinée peut entamer la réalisation d'un potentiel hydro-électrique estimé à 100 milliards de Kwh par an, et, à très long terme, permettre de construire une filière de l'aluminium totalement intégrée dans ce pays.

4. La croissance des pays miniers

Dans le cadre prospectif retenu ici, l'économie africaine au sud du Sahara pourrait être caractérisée en 1990 par l'émergence des pays miniers, riches en ressources énergétiques ou capables de les acquérir. Il s'agit essentiellement de l'Afrique australe dans sa quasi-totalité, du Zaïre, du Gabon, de la Guinée ; dans une moindre mesure du Cameroun et du Ghana. On doit ajouter le Nigéria et l'Angola pour leurs ressources pétrolières, éventuellement le Libéria pour son minerai de fer. Cette émergence repose sur les possibilités de voir un appareil d'état efficace mener les projets à leur terme et maintenir un niveau de revenus assez important au niveau national pour permettre à l'industrie extractive et l'industrie de transformation de jouer un rôle moteur ; et cette question se pose bien entendu différemment en Afrique du Sud, au Zimbabwé d'une part, en Angola, en Guinée d'autre part, au Nigéria, au Zaïre et au Libéria enfin. Au-delà de la question posée par la capacité éventuelle des appareils d'état se situent deux autres facteurs discriminants : le potentiel de croissance de l'industrie de substitution à l'importation dans une hiérarchie de revenus « classiques », la capacité de l'appareil d'état de mettre en œuvre les politiques nécessaires pour élargir ce potentiel.

Ce potentiel est important pour les pays qui n'appartiennent pas à l'Afrique australe, puisque le niveau actuel reste très faible. On ne doute pas à l'heure actuelle de la capacité des appareils d'état à réduire la hiérarchie des revenus préexistante dans les anciennes colonies portugaises, si les perspectives de conflits sont écartées dans la région. Bien entendu, le cadre d'hypothèses prospectives adopté ici implique une influence grandissante des éléments « libéraux » en Afrique du Sud, invitant comme depuis toujours à la hausse des salaires des travailleurs noirs, et à l'atténuation concomitante du régime d'apartheid pour élargir le marché interne, celles-ci pouvant avoir lieu soit dans le cadre territorial existant, soit après un « regroupement » de la majeure partie de la population blanche.

La valorisation des matières premières agricoles et l'industrie légère d'exportation

Si une croissance industrielle basée sur l'extraction des matières premières minérales et leur transformation semble possible dans les pays riches en gisements et a fortiori dans ceux qui possèdent, de plus, un potentiel hydro-électrique ou énergétique important, les pays qui en sont démunis, c'est-à-dire essentiellement une grande partie de ceux de l'Afrique de l'Ouest et du Sahel, les pays de la corne et du continent, les pays de l'Afrique de l'Est, devront envisager d'autres modalités d'industrialisation.

Les industries de valorisation des matières premières agricoles et les industries légères d'exportation, qui se recoupent souvent par ailleurs (textile, cuirs et peaux, papier, etc.), ont en commun une dynamique de délocalisation basée sur l'économie de coûts de main-d'œuvre et non sur l'économie des coûts de transports et des coûts d'énergie. Il y a néanmoins quelques exceptions à cette convergence.

1. La valorisation des produits agricoles exportés

Ces exceptions sont celles qui sont liées aux denrées agricoles dont l'Afrique au sud du Sahara est fortement exportatrice : le coton, qui concerne essentiellement le Soudan ; le café, qui concerne essentiellement la Côte d'Ivoire, l'Angola, l'Ouganda et l'Ethiopie ; le cacao, qui concerne essentiellement le Ghana, la Côte d'Ivoire, le Nigéria et le Cameroun ; l'arachide, qui concerne essentiellement le Sénégal, le Nigéria et dans une moindre mesure le Mali et le Niger ; les bois, qui concernent essentiellement la Côte d'Ivoire, le Congo et dans une moindre mesure le Ghana.

On notera à cet égard l'importance de deux pays : la Côte d'Ivoire et le Nigéria. En Côte d'Ivoire, le processus de valorisation croissante du cacao sur place par sa transformation en chocolat, pâte, beurre, poudre, tourteaux, est déjà amorcé depuis 1974. On peut penser qu'il se poursuivra de même que celui qui concerne la valorisation du café (production de café soluble notamment) et du bois. On doit aussi noter l'effort sucrier de la Côte d'Ivoire. En liaison avec le développement de la culture de canne-à-sucre, il est prévu de satisfaire la demande locale dans les trois prochaines années, puis d'exporter, à l'horizon 1985, environ 400 000 t. de sucre.

Le Nigéria a produit, en 1974, 230 000 tonnes de cacao, contre 386 000 tonnes pour la Côte d'Ivoire. La valorisation du cacao sur place en est encore à ses balbutiements, et peut donc se développer rapidement. Il en est de même du traitement de l'arachide, des noix de palme et des graines de coton.

Si c'est l'industrie pétrolière qui constituera l'élément le plus entraînant de l'économie nigériane, on voit que la valorisation progressive des matières premières agricoles peut être un complément significatif. En Côte d'Ivoire, au contraire, c'est cette dernière tendance qui peut être la base de la prolongation de la dernière phase de croissance rapide de l'économie.

Le Soudan développe rapidement son industrie textile pour valoriser ses exportations de coton. Une quinzaine de projets des filatures d'usines de tissage, d'impression, sont en cours avec la participation d'investisseurs japonais, italiens, allemands, koweitiens, etc. Par ailleurs, l'agriculture soudanaise, qui doit jouer un rôle important dans l'approvisionnement du monde arabe, va connaître un accroissement spectaculaire de la culture de la canne-à-sucre. La raffinerie de ce sucre sur place est prévue, et le Soudan doit pouvoir exporter au milieu des années quatre-vingt environ 1,5 million de tonnes de sucre.

Ailleurs, les possibilités de développement des industries liées à la valorisation des denrées agricoles semblent moins importantes, ces denrées étant déjà transformées sur place, ou l'extension de la production de ces denrées étant limitée : c'est le cas de l'arachide au Sénégal par exemple.

Bien entendu, une multitude d'unités de production et de traitement de céréale, de conserveries de légumes et fruits ou de produits de la mer, de production de boissons, de production de dérivés du cuir et des fibres textiles, verront le jour sur le continent africain dans les deux prochaines décennies. Mais, dans le cadre prospectif retenu ici, elles ne joueront pas, sauf exceptions du type de celles qui ont été mentionnées ci-dessus, un rôle structurant : car soit elles seront destinées à fournir le marché local dont le développement sera essentiellement soumis à celui des exportations ; soit leur développement sera plus lié à celui de la délocalisation des industries de main-d'œuvre qu'à la présence de denrées agricoles. En d'autres termes, leur implantation en Afrique au sud du Sahara dépendra des avantages comparatifs de cette région du monde considérée comme réserve de main-d'œuvre à bon marché.

2. *Les industries légères d'exportation*

Ainsi qu'on l'a déjà analysé, la tendance à la délocalisation des industries de main-d'œuvre, produisant pour les marchés des pays développés, vers les pays du Tiers monde, est l'une des principales tendances de la nouvelle division internationale du travail (5). Quelles branches sont concernées ? Une étude récente basée sur l'industrie française permet de déterminer celles qui sont les plus « menacées », du

(5) Voir le texte « Stratégie du Nord et Stratégie du Sud ».

point de vue de leur localisation en France, par la délocalisation (6).

Il s'agit en fait des industries à forte densité de main-d'œuvre (frais de personnel/production) et à faible qualification de main-d'œuvre. Si telle est bien la logique de la délocalisation, il faut aussi tenir compte d'un certain nombre d'obstacles. Au niveau global d'abord, il y a celui qui est créé par la persistance du chômage dans les pays développés. Les pressions sur les appareils d'état, syndicales notamment, mais aussi patronales lorsqu'il s'agit de petites et moyennes entreprises, auront pour objectif de freiner, fût-ce au prix de subventions, ce mouvement de délocalisation.

Si l'analyse de la crise effectuée précédemment est correcte, ces pressions seront plus fortes en Europe qu'aux États-Unis ou au Japon. Il est d'ailleurs significatif que ce soit en Europe du Sud que s'expriment actuellement les réserves les plus explicites quant au contenu commercial des accords en cours avec les pays du Tiers monde, et quant au contenu d'une extension de l'ouverture des frontières des pays développés aux exportations de produits manufacturés en provenance du Tiers monde (négociation concernant l'accord multifibres au G.A.T.T.). En Europe, seules l'Allemagne, la Suède et la Suisse semblent en mesure de procéder aux investissements à l'étranger nécessaires au mouvement de délocalisation, et d'amorcer un processus de redéploiement industriel à même de créer assez d'emplois dans les branches qui ne sont pas soumises à ce mouvement pour qu'il ne soit pas remis en cause. Ailleurs, la modernisation des industries de main-d'œuvre sur place par une mécanisation accrue — qui a freiné leur délocalisation au cours des vingt dernières années — est encore à l'ordre du jour. Ces modalités de la tendance générale à la délocalisation ne sont pas indifférentes pour ce qui concerne l'Afrique sub-saharienne. Car très évidemment, c'est la délocalisation en provenance d'Europe qui pourrait jouer un rôle primordial pour l'Afrique, de même que c'est l'Amérique Latine qui constitue la zone privilégiée de la délocalisa-

(6) SODIS, Genève, les résultats de cette étude ayant été partiellement reproduits dans le périodique *Usine Nouvelle*. Le fait qu'il s'agisse de l'industrie française n'introduit aucun biais pour le sujet traité ici.

tion de l'industrie américaine, et l'Asie du Sud-Est celle de l'industrie japonaise.

3. *Le rôle limité de l'Afrique*

Ces limites ne relèvent pas tant du coût de transport des marchandises que de l'obstacle que constitue la distance pour les communication rapides entre une maison mère dans un pays développé et sa filiale dans le Tiers monde. Cet obstacle est d'autant plus important quand il s'agit de produits finis, dont les spécifications peuvent varier en fonction de la conjoncture (confection par exemple), plutôt que de produits intermédiaires ou de pièces (composants électroniques), ou quand il s'agit d'entreprises moyennes plutôt que de grandes entreprises. Pour ces raisons, c'est par exemple vers la Turquie, la Grèce, la Yougoslavie, la Tunisie, le Maroc, l'Égypte que s'oriente de manière privilégiée la délocalisation allemande. Il faut en ajouter une autre : l'existence dans ces pays d'une main-d'œuvre ayant pris l'habitude de travailler, en Allemagne, avec du matériel allemand. La France et la Grande-Bretagne devraient pouvoir jouer un rôle analogue dans l'Afrique au sud du Sahara, mais on note de plus que l'émigration sahélienne vers l'Europe a souvent tendance à se réintégrer dans le milieu rural à son retour, plutôt que de s'insérer dans l'activité urbaine en général ou industrielle, comme l'émigration méditerranéenne.

De plus, comme on l'a déjà indiqué, la France et la Grande-Bretagne auront dans un avenir proche une faible capacité d'investir à l'étranger. Ces pays seront par ailleurs les plus enclins à recourir à des protectionnismes partiels, ce qui aura tendance à défavoriser tout autant les industries légères d'exportation à capitaux locaux, par opposition à celles qui se constitueraient à partir de capitaux étrangers, français ou anglais en l'occurrence. Il y a d'autres raisons plus générales qui tendent à minimiser la place de l'Afrique au sud du Sahara comme zone d'implantation d'industries légères d'exportation vers les pays développés. On peut les exprimer par la formule suivante : les coûts de main-d'œuvre tendent à être compétitifs par rapport à ceux d'autres régions du Tiers monde concurrentes, mais cet avantage est compensé par une « productivité plus faible ». Cette formule renvoie en fait à la faible dimension et la faible structuration du prolétariat urbain, si on les compare à ce qui est le cas en Amérique Latine ou en Asie du Sud-Est. La main-d'œuvre, au sens le plus déqualifié de ce terme, est présente. Mais le petit et le moyen encadrement doivent souvent être fournis par l'importation, ce qui grève les coûts globaux. Les mécanismes de reproduction sociale en milieu urbain tendent d'ailleurs à défavoriser une insertion continue de la main-d'œuvre dans l'appareil industriel, aux dépens d'un passage relativement rapide et avantageux dans la petite bourgeoisie commerciale.

Enfin, beaucoup d'industries légères d'exportation — celles qui concernent des produits finis de consommation — doivent, pour assurer leur rentabilité, s'appuyer sur un marché local captif : ce sont les conditions qu'elles rencontrent en Amérique Latine, en Asie du Sud-Est, dans le Bassin méditerranéen. L'Afrique au sud du Sahara, à l'exception de l'Afrique du Sud est bien entendu défavorisée par rapport à ces zones en raison de l'étroitesse du marché local.

L'ensemble de ces raisons amène à penser que ce sont les zones traditionnelles de délocalisation — Amérique Latine, Asie du Sud-Est, Bassin méditerranéen, pays de l'Est éventuellement, — qui continueront à attirer en priorité les industries légères d'exportation, et ceci d'autant plus que les réserves de main-d'œuvre à bon marché dans ces régions sont loin d'être épuisées, la hausse de salaires dans certains pays entraînant une diffusion de la production vers les pays voisins. La liste récente des principaux pays exportateurs vers les pays industrialisés pour les secteurs les plus sensibles, qui tient donc compte de l'accélération du mouvement de délocalisation entre 1974 et 1976, tend à le confirmer (Hong Kong, Singapour, Malaisie, Taïwan, Corée du Sud, Yougoslavie, Bulgarie, Roumanie, Inde, Pakistan, Mexique, Argentine, Brésil, Égypte, Maroc, etc.). Cette concentration dans un nombre restreint de pays, touchant peu l'Afrique, est très marquée pour la sous-traitance mécanique, électrique et électronique.

Pour l'industrie textile, le rôle de l'Afrique au sud du Sahara semble être plus important et se développe plus rapidement (notamment au Cameroun, au Bénin, au Sénégal, en Côte d'Ivoire, dans l'Empire Centrafricain). Mais le raz de marée des importations textiles de la Communauté Européenne a eu pour origine l'Asie du Sud-Est essentiellement : doublement en 1976 des importations en provenance de la Corée du Sud, de Hong Kong, du Pakistan, expansion encore plus forte pour la Yougoslavie. Et en tout état de cause, l'Asie du Sud-Est fournit à elle seule environ 80 % du marché européen.

Quelles pourraient être les tendances infléchissant ce mouvement de délocalisation pour l'orienter au moins partiellement vers l'Afrique au sud du Sahara ? Ce ne sont sans doute pas les effort accomplis pour accorder des conditions fiscales, douanières, légales plus favorables aux investisseurs étrangers. Une étude récente de la C.N.U.C.E.D. (7) souligne que ces « stimulants » artificiels ont beaucoup moins d'effets sur l'implantation effective d'investissement étrangers dans les zones franches que les conditions « objectives » de coûts de main-d'œuvre, de qualification de la main-d'œuvre, d'accessibilité, etc. Cette étude montre par ailleurs que les conditions fiscales, légales, douanières les plus favorables sont accordées dans les régions où les conditions objectives le sont aussi.

Pour ces raisons, et essentiellement en raison des incertitudes qui pèsent sur la permanence de l'accès aux débouchés des pays développés, c'est sans doute et paradoxalement dans les pays africains au sud du Sahara qui auront une expansion industrielle basée sur la valorisation des ressources naturelles minérales ou agricoles, dans lesquels se développera aussi une industrie de substitution à l'importation susceptible de fournir des marchés captifs en croissance, que pourra se développer le plus aisément une industrie légère d'exportation.

Les industries de base : sidérurgie, chimie, mécanique, etc.

Dans cet ensemble important de branches, deux d'entre elles ont plus particulièrement semblé caractériser les moda-

(7) Aperçu du Fonctionnement des Zones Franches de Transformation pour l'Exportation dans les Pays en Voie de Développement, TD/B/C.2/149, avril 1975.

lités d'industrialisation liées au nouvel ordre économique mondial : la sidérurgie et la pétrochimie de base.

Alors que l'industrie textile, l'industrie de la chaussure, etc. étaient caractérisées par des tendances à la délocalisation depuis les années soixante, il n'en n'était pas de même pour ces deux branches, à l'exception de certaines de leurs sous-branches situées en aval (par exemple, construction de charpentes métalliques, raffineries, transformation des matières plastiques), dont le développement dans les pays du Tiers monde était lié au mouvement de substitution aux importations ; et on l'a déjà noté dans la modestie des réalisations en Afrique sub-saharienne, l'Afrique du Sud (comme l'Inde et le Brésil sur d'autres continents) faisant exception.

L'obstacle, pour ces deux branches, est celui du financement. Dès le début des années soixante, il était établi que la sidérurgie et la pétrochimie localisées dans le Tiers monde pouvaient être compétitives à condition que les implantations soient réalisées sous forme de grandes unités intégrées pour permettre de tirer avantage des économies d'échelle. La sidérurgie française par exemple avait étudiée la possibilité de réaliser son expansion au Brésil plutôt qu'à Fos-sur-Mer en France, et il s'était avéré que l'implantation brésilienne permettait de fournir le marché français à des coûts légèrement plus favorables que l'implantation française. Ce sont les risques associés à la réalisation d'un investissement lourd et de longue durée de vie dans un contexte politique jugé incertain qui avaient alors fait reculer la sidérurgie française, et ceci d'autant plus que les avantages comparatifs de l'implantation brésilienne étaient moins substantiels que ce qui pouvaient être le cas pour les industries de main-d'œuvre.

Peu de pays du Tiers monde étaient en mesure de prendre en charge ces investissements lourds à partir de leurs capacités propres de financement. De leur point de vue, les incertitudes étaient liées à la capacité d'absorption du marché mondial étant donnée l'étroitesse des marchés intérieurs pour la plupart des pays, et l'absence de perspectives d'accords régionaux suffisamment solides.

Les années 1974 et 1975 ont semblé lever cet obstacle. Pour les pays pétroliers d'abord, par exemple, la capacité de production d'acier des usines intégrées ou semi-intégrées des pays arabes était estimée à environ 15 millions de tonnes annuelles à l'horizon 1985, contre 2 millions de tonnes annuelles en 1975 (Égypte et Algérie), l'essentiel de cette extension de capacité étant concentrée en Algérie, en Arabie Séoudite, en Irak et en Égypte (8). De même, c'est en Algérie, au Koweit, en Arabie Séoudite, en Irak et en Égypte que l'essentiel de l'extension de capacité de production d'éthylène devait être réalisée.

Pour ce qui concerne l'Afrique sub-saharienne, l'accélération de 1973-1974 était sensible, mais les projets restaient en général beaucoup moins importants. En fait, à l'exception de l'Afrique du Sud, il s'agit essentiellement pour la sidérurgie, comme pour la pétrochimie, de projets modestes (raffinage pour la consommation locale, petites usines sidérurgiques utilisant les déchets de ferraille) dont il ne s'agit pas de remettre en cause l'utilité, notamment du point de vue de la balance des paiements. Mais aucun de ces projets, essentiellement destinés au marché local, ne semble en mesure de fournir une impulsion à l'ensemble de l'industrie, à la différence des projets plus lointains concernant la sidérurgie en Mauritanie, en Côte d'Ivoire, au Zaïre, ou la pétrochimie au Sénégal et au Nigéria.

Depuis 1976, les prévisions optimistes des années 1974 et 1975 sont remises en question, pour l'ensemble des pays du Tiers monde, y compris les pays pétroliers, en raison de la révision en baisse des surplus pétroliers attendus. Bien entendu, cette révision affecte plus directement les projets les moins avancés, et en particulier les projets concernant l'Afrique sub-saharienne. Ainsi, le statut du projet de complexe pétrochimique de Cayar, qui devait jouer un rôle important dans l'ensemble de l'industrie sénégalaise, est maintenant particulièrement incertain en raison des restrictions financières iraniennes.

Les pays qui semblent les plus à même de réaliser leurs projets importants en matière de sidérurgie et de pétrochimie sont encore une fois le Nigéria, le Zaïre, éventuellement le Ghana si les gisements de fer dont l'exploitation est liée à la réalisation des projets hydroélectriques sur la Volta Noire s'avèrent rentables.

(8) Estimations du GRESE, Montpellier.

Ceci n'est pas pour exclure la possibilité d'implantation de manière plus systématique de petites unités — réduction directe du fer, mini-sidérurgie à partir de la ferraille, raffineries — mais, encore une fois, si celles-ci peuvent répondre à une demande existante, elles ont un rôle d'entraînement limité.

Pour le reste de la chimie de base, les problèmes de financement sont moins aigus et les projets sont et seront diversifiés et mieux répartis (fabrication de soude, de chlore, d'acide sulfurique, etc.). De même, la substitution à l'importation doit progresser pour les produits chimiques à usage industriel (peinture, explosifs, colles industrielles), à usage domestique (savons, détergents, cosmétiques, allumettes, insecticides), ou à usage agricole (engrais). Dans ce dernier domaine, il y a un grand nombre de projets qui peuvent substantiellement réduire le déficit de l'Afrique subsaharienne (Afrique du Sud exclue).

Les industries métalliques légères (armatures métalliques, tuyauteries, emballages, cables, etc.) partagent les mêmes caractéristiques d'implantation que l'aval de la chimie. L'Afrique sub-saharienne en est encore à une phase de substitution aux importations dans ce domaine (Afrique du Sud exclue). De même, la quasi-totalité des projets récents concernant l'industrie des transports concerne le montage de véhicules (automobiles, cycles, équipements agricoles simples, wagons, etc.).

On peut signaler les exceptions récentes : les projets de chantier de réparation navale à Dakar, d'une petite usine des fabrications de montres à Bangui sous l'égide de l'O.N.U.D.I., la fabrication de motocycles et la petite construction navale au Ghana, la production de bicyclettes et de motocyclettes au Zaïre et en Angola, etc. sans compter bien entendu l'Afrique du Sud. On doit aussi ajouter la fabrication de quelques pièces détachées pour véhicules (Côte d'Ivoire, Tanzanie par exemple), et les projets de construction automobile au Nigéria.

Ces tendances à l'extension du montage des véhicules et à la fabrication des pièces détachées doivent naturellement se développer au fur et à mesure de la progression du marché intérieur. Mais seuls quelques pays ayant des perspectives de marché intérieur important et en croissance rapide, et des capacités de financement (Nigéria, Zaïre,

Afrique australe) semblent pouvoir franchir les étapes supplémentaires dans la prochaine décennie. L'exportation vers d'autres pays africains est possible, mais sera limitée par la généralisation d'unités d'assemblage. Nulle part, la réexportation de pièces détachées ou d'automobiles vers les pays développés semblent être envisagée, comme c'est le cas en Amérique Latine ou en Asie du Sud-Est.

La polarisation de l'industrie africaine et ses conséquences possibles.

Ce survol sectoriel des tendances de l'industrialisation de l'Afrique sub-saharienne dans le cadre prospectif retenu ici, a permis de souligner la forte probabilité d'une polarisation intense du continent entre d'une part les pays miniers (Afrique australe, Afrique centrale essentiellement) et les quelques pays dont la valorisation des denrées agricoles exportées peut jouer un rôle moteur, et d'autre part la majorité des pays du Sahel et de l'Afrique de l'Est. La première catégorie de pays pourra connaître sur la base du développement de son industrie minière, un développement industriel plus général (substitution à l'importation, et plus généralement industrialisation liée à la demande locale, industrialisation légère d'exportation).

En d'autres terme, l'Afrique australe, le Zaïre, le Gabon, le Cameroun, le Nigéria, la Guinée, etc. peuvent encore connaître une phase de développement basé sur la valorisation et l'exportation de leurs ressources naturelles. La nature précise des modèles de dévelopement adoptés, les formes de redistribution des revenus tirés des exportations — à travers les mesures sociales d'un régime en transition vers le socialisme ou d'un capitalisme d'état, à travers le financement de l'accumulation d'une moyenne bourgeoisie rurale et urbaine — sont en définitive secondaires dans ce cadre, à condition que cette redistribution ait lieu.

Il s'agit là d'une hypothèse qui peut paraître a priori improbable, tout au moins pour certains pays. Ce que l'on doit souligner en l'adoptant néanmoins, c'est que le Tiers monde a déjà connu et connaît encore des expériences de cette nature, qu'il s'agisse de l'Algérie, de l'Égypte nassérienne, du Chili entre 1960 et 1973, etc. Il n'est pas nécessaire, pour les promouvoir, de modifier de fond en comble les équilibres sociaux et politiques. Les expériences sont largement compatibles avec les alliances de classe au pouvoir.

Dans le passé, les expériences de cette nature traversaient souvent une période de capitalisme d'état. Elles se trouvaient alors confrontées à des tentatives de déstabilisation diverses qui finissaient par les bloquer.

Dans le cadre prospectif retenu ici, les pays du Nord et en particulier les États-Unis adoptent une attitude inverse. C'est la stabilisation de ces expériences qui est recherchée, puisqu'elle s'avère la meilleure garantie de l'accès aux ressources naturelles, fussent-elles obtenues à des prix élevés. C'est en définitive ce changement d'attitude des États-Unis qui fonde la probabilité du réformisme nécessaire à une phase de développement réel des pays miniers.

Comme on l'a aussi déjà souligné, la situation est radicalement différente dans les pays du Sahel, et en Afrique de l'Est : les bases industrielles d'une phase de développement extraverti n'existent pas de fait. Certains de ces pays connaissent déjà une stagnation, dans la mesure où l'industrialisation par substitution aux importations liée à la répartition actuelle des revenus épuise ses potentialités. D'autres, n'étant pas encore dans ce cas, connaissent au contraire, une industrialisation rapide, voire spectaculaire, comme la Côte d'Ivoire ou le Kenya par exemple. Mais l'expérience du passé dans les mêmes régions montre que les limites en sont rapidement atteintes, et que des pays qui ont connu cette phase d'industrialisation rapide sont aujourd'hui stagnants.

A l'inverse des pays miniers, ou des pays dont l'agriculture d'exportation peut encore se développer rapidement, il n'y a pas dans ces pays de possibilités importantes d'extension du marché intérieur par redistribution des revenus acquis à l'extérieur.

C'est dans ce pays que se manifestent, dans le cadre prospectif adopté ici, les contradictions les plus fortes. On peut donner une indication de leur ampleur en notant que l'extrapolation des tendances du passé, qui comme on l'a vu est la plus pertinente pour ces pays, conduit à escompter une croissance moyenne de la population urbaine de 5 à 5,5 % par an d'ici l'an 2000, contre une croissance de l'emploi dans les industries de transformation d'environ 4 %. En se restreignant aux définitions strictes du chômage urbain du B.I.T. — excluant le sous-emploi urbain — on passe d'une situation caractérisée par le ratio d'un chômeur urbain pour une personne employée dans les industries de transformation en 1975 à un ratio d'un chômeur urbain et demi pour une personne employée dans les industries de transformation en l'an 2000. Même si on adopte des perspectives générales très optimistes, on aboutit au mieux à un maintien ou une légère diminution de ce ratio (9). Mais ces perspectives concernent, on l'a vu, les pays massivement exportateurs de ressources naturelles.

Quelles peuvent être les modalités de la stabilisation des autres pays, des pays stagnants, dans le cadre prospectif retenu ici ?

La gestion de la stagnation peut être autoritaire. L'aide massive des capitaux pétroliers au Tchad, au Soudan, dans la corne orientale du continent, des États-Unis en Afrique de l'Ouest, constituent une autre possibilité, et des orientations dans ce sens se manifestent déjà. Ces deux régions peuvent enfin constituer un terrain privilégié de la stratégie d'expérimentation réformiste. C'est cette dernière possibilité, qui n'est pas exclusive, d'un accroissement important de l'aide extérieure, qu'il apparaît le plus intéressant d'explorer ici.

L'option fondamentale de cette stratégie est de financer le développement agricole et industriel par une redistribu-

(9) Il s'agit des hypothèses découlant des objectifs fixés par la conférence de l'ONUDI à Lima en 1975 : 25 % de la production mondiale des industries de transformation pour les pays en voie de développement, dont 2 % pour l'Afrique (contre 0,6 % actuellement). Leur caractère optimiste découle du montant des investissements qu'ils impliquent. Le taux d'investissement rapporté au PIB des pays africains non producteurs de pétrole devrait atteindre des niveaux avoisinant 35 à 30 %, au lieu de taux compris entre 15 % et 20 % à l'heure actuelle, si ces investissements devaient être financés principalement par les ressources locales. On comprend que cet effort d'investissement soit, dans les conditions actuelles, au-dessus de la portée des pays non massivement exportateurs des ressources naturelles. Même pour ces derniers, l'échec des négociations internationales sur l'indexation du prix des matières premières rend cet effort d'investissement problématique. Enfin un financement principal extérieur de cet investissement est hautement improbable dans la configuration actuelle des excédents et déficits des paiements à l'échelle mondiale. On doit noter que ces hypothèses ne prennent pas en compte l'éventualité de mise en place d'une stratégie dite des besoins essentiels, plus économe en capitaux. C'est précisément l'avantage de cette stratégie qui constitue l'argument le plus solide en sa faveur au sein des instances internationales.

tion interne, non seulement des revenus mais essentiellement de l'accès à l'accumulation du capital.

Les mesures proposées dans le domaine de l'éducation, de la santé, du logement, sont d'une formulation classique : priorité à l'éducation de masse, donc primaire et secondaire, au détriment éventuellement de l'éducation supérieure ; promotion et diffusion de la médecine préventive légère, au détriment des grands équipements hospitaliers ; promotions de formules d'habitat urbain accessibles aux couches les plus pauvres (réhabitabilisation plutôt que destruction des bidonvilles, accès à l'auto-construction sur des parcelles assainies et équipées), au détriment éventuellement des formules plus communes de logement aidé.

Il s'agit donc d'une réorientation et d'une extension des dépenses publiques, qui doit être financée par une extension de la fiscalité. Les propositions sont là plus novatrices, puisqu'elles concernent la fiscalité indirecte plutôt que la fiscalité directe, même progressive, puisque la progressivité de cette dernière est difficile à être effective, en dépit des dispositions légales et en raison des limites rencontrées par le contrôle administratif. C'est la progressivité de cette fiscalité indirecte, basée par exemple sur l'élasticité du revenu des biens de consommation, qui est préconisée.

L'ensemble de ces propositions ne concerne pas directement le secteur productif. Mais il représente une redistribution des revenus réels tendant à élargir le secteur marchand à des couches sociales qui y ont à l'heure actuelle une insertion marginale. En ce sens, cet ensemble de propositions est un complément indispensable de celles qui concernent le secteur productif et en particulier l'industrie.

La stratégie industrielle préconisée est, quant à ses débouchés, précisément orientée vers ces nouveaux marchés. C'est le secteur dit traditionnel, qui au sein de petites entreprises artisanales ou industrielles, est le plus à même d'y répondre, à condition de trouver les moyens de son financement. Il est proposé dans ce domaine de procéder à une réorientation du crédit bancaire au profit de ces petites entreprises, éventuellement au détriment du secteur moderne. Ceci aurait de plus pour avantage de promouvoir l'emploi, dans la mesure où ces petites entreprises utilisent des technologies caractérisées par un faible ratio capital/travail ; et donc de contribuer à élargir des débouchés du secteur dit traditionnel.

Par ailleurs, il est aussi préconisé, et pour les mêmes raisons, de lutter contre l'intégration verticale à partir du secteur dit moderne (passage de la taxation sur le chiffre d'affaire des biens intermédiaires à la T.V.A. par exemple) ; et au contraire, de promouvoir l'articulation entre le secteur dit moderne et le secteur dit traditionnel par la sous-traitance.

Enfin, et en contraste avec les principes traditionnellement défendus, les restrictions directes ou indirectes au libéralisme économique (taxes, subventions à certains secteurs, nationalisation de certaines entreprises) ou au libre échange (quotas, barrières douanières) nécessaires au développement de la petite industrie sont préconisées, même si elles remettent en cause les conditions « néo-classiques » de l'efficacité de l'allocation des ressources.

Les deux principaux goulots d'étranglement dans l'application de cette stratégie industrielle concernent la gestion de la croissance des entreprises du secteur dit traditionnel, et la mise au point de « technologies adaptées » et de biens d'équipement correspondants susceptibles de lui apporter des gains de productivité.

C'est à ces deux niveaux que la phase expérimentale de cette stratégie, déjà engagée, s'avère la plus nécessaire.

Au-delà des efforts de formation, c'est l'expérimentation coopérative dans le domaine de la gestion financière et de la vente qui est retenu comme l'une des voies les plus prometteuses pour gérer la croissance des petites entreprises, car elle permet des économies d'échelle pour l'expertise. Les recommandations dans le domaine des « technologies adaptées » restent plus sommaires, car il est difficile de dépasser les recommandations générales (recensement, redéfinition du rôle du système scolaire et universitaire, décentralisation, mise en place de réseaux de diffusion, etc.) ou d'ériger en principes les acquis d'une multitude d'expériences ponctuelles, qu'il s'agisse de celles qui sont tentées par les grandes entreprises multinationales (usine « simple » d'assemblage de radios et de télévisions de Philips, « tracteur des pays en voie de développement » de Ford), par les équipes d'engineering privées, publiques (houe rotative de la S.A.T.E.C., maintenant fabriquée de manière artisanale à

Madagascar), ou des résultats acquis au sein du secteur dit traditionnel lui-même à partir de vieilles machines par exemple (fabrication d'amidon en utilisant des machines à laver usagées) (10).

Ce qu'il est plus difficile de réaliser, c'est d'amorcer la chaîne qui conduit du débouché à la constitution d'un secteur local de biens d'équipements, c'est-à-dire en définitive l'« autocentrage », de ce « modèle d'industrialisation », ce qui requiert de dépasser le stade de l'expérimentation ponctuelle et de recourir à une approche nécessairement plus systématique.

Plus généralement, c'est très probablement à cette étape éventuelle de passage des micro-réalisations expérimentales en cours à l'expérimentation en vraie grandeur que la stratégie esquissée pour les pays du Sahel et de l'Afrique de l'Est risque de buter sur les obstacles importants. Car c'est alors que sa cohérence d'ensemble, articulant industrialisation et redistribution des revenus, nouvelles mesures fiscales et réorientation des dépenses publiques, etc. devra être mise à l'épreuve. A l'inverse d'un réformisme financé par l'accroissement des recettes extérieures dans les pays miniers par exemple, celui qui est esquissé ici nécessite une modification des alliances de classes au pouvoir au détriment non seulement d'une petite minorité dirigeante, ou des intérêts étrangers qui s'inscrivent le plus souvent dans la continuité coloniale, mais aussi des couches d'appui dans la petite bourgeoisie urbaine et les couches d'encadrement rural.

Les alliances de classes au pouvoir dans ces régions de l'Afrique sont relativement cohérentes. Elles ont fait la preuve de leur stabilité — au-delà des changements d'équipes politiques — dans des circonstances déjà difficiles. Sans même remettre en cause la cohérence d'une alliance de classe alternative à même de mettre en œuvre une stratégie réformiste telle qu'elle est proposée, et au moins d'atténuer les contradictions qui seront aiguisées par la stagnation en gérant mieux cette stagnation ou en la dépassant, il reste à résoudre le problème de la transition entre ces deux alliances de classes.

(10) Voir N. JEQUIER et al. Appropriate Technology, Centre de Développement de l'OCDE, Paris, 1976.

Les résistances à cette transition risquent d'être d'autant plus vives que les promoteurs de cette stratégie réformiste indiquent souvent ne pas vouloir reculer devant une intervention plus active dans ces régions de l'Afrique pour contribuer à son succès. Ces résistances se dessinent déjà en Amérique Latine, en réaction à la nouvelle politique étrangère américaine, en tentant de ressouder autour des thèmes nationalistes les compromis de classes des années cinquante. Menées à leurs termes, ces résistances peuvent alors déboucher sur une forme de capitalisme d'état, représentant lui aussi une des formes possibles de stabilisation politique des régimes pauvres du continent africain. Tels semblent être en tous cas les termes du débat qui s'esquisse dans ces régions, dans lesquelles les pays dominants n'ont en définitive pas d'intérêts vitaux.

5

Scénarios, stratégies d'industrialisation de l'Afrique et division internationale du travail

par *Alexandre Faire* (1)

On peut articuler l'ensemble des débats de la Conférence sur l'Afrique et la Problématique du Futur autour de trois thèmes qui recoupent largement, mais non complètement, les trois familles de scénarios définies dans la première partie de ce volume (2).

(1) Ce texte est un résumé des débats ayant eu lieu à la Conférence sur l'Afrique et la Problématique du Futur, rédigé par A. Faire. Il est difficile sinon impossible de rendre compte d'une discussion qui s'est tenue au sein de quatre groupes de travail distincts (industrie, agriculture, socio-politique du développement, Afrique australe) sans en trahir quelque peu la richesse. Plutôt qu'une transcription résumée, c'est une synthèse qui est tentée ici, avec tous les aspects réducteurs qu'elle implique. Ceci est d'autant plus vrai que cette synthèse a été organisée autour de la discussion du groupe industrie, en y intégrant des apports — non exhaustifs — des discussions des autres groupes de travail. Le rédacteur de cette synthèse porte donc réellement l'entière responsabilité de ces limites.

(2) Voir en particulier « Trois Familles de Scénarios pour l'Afrique » dans ce volume.

Le prolongement des tendances du passé et la problématique du développement par étapes du capitalisme périphérique

Le constat que permet de dresser l'expérience africaine depuis l'accession à l'indépendance est sans ambiguïté. Pour l'ensemble du continent, et avec des exceptions possibles (parfois temporaires) qui s'expliquent par des raisons diverses (par exemple l'Afrique du Sud, l'Egypte, l'Algérie), c'est un constat de stagnation et non de développement. En ce qui concerne l'agriculture, c'est un constat d'aggravation de la dépendance alimentaire due au développement des cultures d'exportation, sans que celles-ci, en raison de leur rémunération aléatoire réussissent à compenser financièrement cette dépendance. C'est aussi une constante du caractère inéluctable, dans les conditions actuelles, de l'exode rural sans accroissement correspondant de la productivité agricole, entraînant par ailleurs le chômage urbain et son cortège de misère, car l'industrie africaine, en dehors de l'extraction des richesses minières et énergétiques, reste le produit d'une *phase de substitution à l'importation avortée,* et s'est trouvée dans l'incapacité d'insérer dans la vie active urbaine les paysans ayant quitté leurs villages.

En quoi et pourquoi cette phase d'industrialisation par la substitution aux importations, que l'Amérique Latine par exemple a connu tout au long du XXe siècle avec une vigueur sans comparaison possible avec ce qui a été le cas en Afrique depuis la fin de la deuxième guerre mondiale et plus particulièrement depuis le début des années soixante (3), a-t-elle avorté ? Les raisons immédiates en sont claires : l'étroitesse du marché intérieur limité aux hauts revenus urbains en particulier, et restreignant à un petit nombre d'opérations pouvant garantir des conditions de rentabilité satisfaisantes (4). Il en est de même de raisons plus média-

(3) Les premiers efforts sérieux dans ce sens ont été ceux des puissances coloniales dans les années cinquante. Ceux des années soixante en ont souvent été le prolongement comme l'a noté Elenga N'GAPARO.

(4) Manfred BINEFELD (Université du Sussex) a insisté sur le fait que l'industrialisation par import substitution implique elle-même des importations significatives. Le blocage de ce processus d'industrialisation peut donc aussi bien résulter de l'insuffisance des revenus en devises pour l'importation de biens d'équipement, comme l'a souligné Cadman ATTA-MILLS (I.D.E.P.).

tes, par exemple la structure de la répartition des revenus monétaires, surtout dans des pays d'Afrique Noire où l'absence de propriété privée, généralisée du sol bloque l'émergence d'une bourgeoisie rurale consommatrice de produits industriels intermédiaires et finals ; par exemple l'absence d'accumulation dans le secteur le plus important de l'économie, c'est-à-dire le secteur agricole, ou l'utilisation des hauts revenus urbains pour une consommation de type occidental est fortement contrastée avec la consommation de subsistance des masses rurales, comme l'a souligné P.M. Henry, etc.

Mais ce blocage est-il insurmontable ? Les exemples du Kenya et de la Côte d'Ivoire, où cette phase d'industrialisation par substitution à l'importation se prolonge à l'heure actuelle (quoique à un rythme réduit), sont-ils généralisables ou s'expliquent-ils par l'extension de leurs bases d'exportation agricole (café, cacao) qui est relativement favorisée par l'évolution du marché mondial (5) ? L'histoire de l'Amérique Latine ne permet-elle pas de conclure qu'il faut considérer l'étape de l'industrialisation par substitution à l'importation comme une étape nécessaire, dont il ne faudrait pas prématurément annoncer le terme en Afrique, mais qu'il faudrait tenter de poursuivre (6) ?

1. Un point de vue étapiste

C'est précisément un point de vue étapiste qui est soutenu par E. Montasser. On peut en résumer les grandes lignes de la manière suivante (7).

(5) On a souligné à cet égard l'existence d'une bourgeoisie rurale en formation depuis l'indépendance en Côte d'Ivoire par exemple, ou au Kenya. Ce fait permet peut-être d'expliquer la prolongation de l'industrialisation par import-substitution jusqu'à aujourd'hui dans ces deux pays. Mais comme l'a noté Cadman ATTA-MILLS en ce qui concerne le Ghana, le processus de constitution d'une bourgeoisie rurale ne résiste pas à la stagnation des revenus extérieurs qui le financent, notamment à travers les transferts de l'appareil d'État.

(6) M. NAGIB (Ministre de la Planification du Sénégal) a distingué entre industries de substitution aux importations, industries d'exportation et industries d'intégration qui doivent, sur la base de l'existence des deux premières, remplir les lacunes présentées dans les filières industrielles nationales et progressivement assurer une cohérence au sein de chacune de ces filières, aussi bien que du point de vue intersectoriel. La référence aux travaux de G. DESTRANNE DE BERNIS est directe.

(7) Extrait du texte de E. MONTASSER, « Towards an Arab Model, Diagnosis and Prescriptions », Ministère de la Planification, le Caire. Dans son texte E.

« W.A. Lewis a distingué cinq phases dans le développement des pays en fonction du rôle joué par le commerce extérieur. Partant de l'état d'économie de subsistance, un pays pourrait évoluer vers l'exportation de produits primaires. L'expansion de la production primaire — destinée principalement à l'exportation — entraînerait une croissance du revenu et de la demande, y compris de la demande de biens industriels importés, ce qui préparerait le terrain pour une croissance par l'industrialisation par la substitution aux importations. Mais le passage direct de l'état de subsistance à la croissance industrielle serait extrêmement difficile, compte tenu de l'exiguïté du marché interne de biens industriels, de la rareté des inputs requis, etc.

« L'industrialisation par la substitution aux importations exige des importations substantielles et entraînerait par conséquent, dans ses phases initiales notamment, une croissance accélérée des importations aux dépens des exportations. Il en résulterait alors un accroissement des déficits de balance des paiements. La fixation d'un plafond pour les importations et/ou une dévaluation monétaire, décidées dans le but de contrecarrer cette tendance, déclencheraient une inflation structurelle. La seule issue pour le pays serait alors de se lancer dans l'exportation de biens manufacturés et d'accéder à des degrés plus élevés de substitution aux importations. Tout pays qui réussirait dans cette démarche pourrait accéder à la cinquième phase. Il aurait alors atteint la maturité industrielle et sa croissance serait déterminée par sa performance en matière d'exportation.

« Si nous classons maintenant les pays arabes en fonction de ces phases, l'Arabie Séoudite, tous les États du Golfe et la République Arabe du Yémen — et peut-être le Soudan et la Somalie — sont à la phase d'exportation de produits primaires. Par contre l'Irak, la Syrie, la Jordanie et les pays arabes d'Afrique du Nord sont tous, à des degrés divers, au début de la phase d'industrialisation par la substitution des importations. Ce n'est qu'en Égypte que la croissance n'est plus basée sur l'industrialisation par la substitution aux importations et que sévit actuellement l'inflation structurelle.

MONTASSER se réfère aux étapes d'Arthur LEWIS et non à celles de W. ROSTOW.

« Avant de poursuivre, quelques éclaircissements s'imposent. D'abord la phase de substitution aux importations n'est pas caractérisée par l'acte matériel de substitution de la production interne aux importations, puisque cet acte a lieu dans toutes les phases, mais par le fait que la production de substitution aux importations est le moteur de la croissance. Ensuite, la phase de substitution aux importations n'a historiquement débuté qu'après l'achèvement de la phase de croissance par l'exportation de produits primaires, faute de ressources agricoles ou minérales. C'est le cas pour l'Égypte. Toutefois cette règle n'est pas valable pour les pays arabes — l'Algérie et l'Irak notamment — qui sont actuellement dans cette phase. Dans leur cas, la phase de substitution aux importations pourrait se prolonger, étant donné que le déficit de leur balance commerciale pour les biens manufacturés pourrait être compensé par l'excédent de la balance pour les produits primaires.

« Ayant classé les pays arabes en fonction des différentes phases de la croissance, nous pouvons maintenant définir leurs problèmes économiques et recommander des stratégies de croissance future. Les pays à la phase de la production primaire présentent une structure économique caractérisée par un secteur primaire qui joue un rôle dominant dans la production, les revenus et le commerce. Dans certains cas extrêmes, le pays est transformé en économie de « monoculture » comme c'est le cas, peut-être, pour le Koweit et d'autres États du Golfe (à l'exception du Bahrein).

« La structure de production et d'échanges de ces pays est conforme à la structure coloniale de spécialisation internationale du siècle passé. Ces pays se spécialisent, en effet, dans la production d'un produit primaire — le pétrole par exemple — qu'ils exportent sur les marchés internationaux. Les recettes à l'exportation sont ensuite utilisées pour l'importation des produits qui leur sont nécessaires, en particulier de biens manufacturés. Quels que soient les surplus financiers réalisés, ceux-ci sont principalement investis sur les marchés financiers internationaux.

« En d'autres termes ces pays sont intégrés aux marchés internationaux. Cette structure pourrait être maintenue jusqu'à ce qu'ils aient épuisé leurs ressources d'exportation. Mais, contrairement à ce qui se passait pour leurs prédécesseurs du dix-neuvième et du début du vingtième siècle, le capital investi dans la production est contrôlé par des nationaux et non par l'étranger. En conséquence, les profits énormes que procure ce capital vont à des nationaux et ne s'échappent pas à l'extérieur.

« Qu'en est-il alors de l'affectation de ces surplus ? Il a été décidé dans tous ces pays d'investir la plus grande part de ces surplus à l'intérieur en vue de stimuler le développement économique. Cette attitude s'explique évidemment par le fait que ces ressources exportables n'étant pas inépuisables, il faut créer d'autres ressources de revenu avant leur épuisement.

« Toutefois, compte tenu de leur développement récent, la capacité d'absorption de ces pays est très limitée. L'accélération rapide des taux de formation de capital a évidemment entraîné l'apparition de goulots d'étranglement importants, notamment dans certains secteurs comme la construction qui reçoit en moyenne près de 60 p. 100 de l'investissement fixe brut global. Ces goulots d'étranglement sont, entre autres choses, la cause de pressions inflationnistes considérables qui, en l'absence de politiques appropriées de contrôle de la demande risquent d'entraîner une distorsion de la structure de croissance et peuvent finalement bloquer la croissance.

« Par ailleurs, la plupart des pays arabes actuellement à la phase de la croissance basée sur la production primaire sont caractérisés par une pénurie de main-d'œuvre — non seulement qualifiée mais aussi non qualifiée. En conséquence la réalisation de leurs objectifs et de leurs plans de développement exigerait l'importation d'une quantité de main-d'œuvre considérable.

« Quant aux pays qui sont à la phase de substitution aux importations, leur principal problème réside dans le fait que leur croissance industrielle est largement tributaire de la croissance de la demande interne. Après avoir enregistré d'abord des taux de croissance rapides, ces pays ont été ensuite forcés de ralentir leur croissance à cause de la concurrence sur les marchés internationaux. En effet, l'un des principaux défauts de l'industrialisation par la substitution aux importations c'est qu'elle a lieu dans un régime de protection très forte.

« Bien sûr, la croissance industrielle pourrait être accélérée par une expansion horizontale, c'est-à-dire par de nouveaux investissements dans les productions nouvelles. Cette politique pourrait être poursuivie tant que la situation de la balance des paiements le permettrait. Toutefois, ces pays devront finalement accroître leurs niveaux de rendement industriel pour pouvoir être compétitifs au niveau international, et arriver à des niveaux plus élevés de substitution aux importations, notamment dans les industries de biens d'équipement. A cet égard, l'Irak est en avance sur les autres pays.

« S'agissant enfin de l'Égypte, on peut dire que c'est le seul pays qui ait atteint la phase de l'inflation structurelle. L'Égypte a démarré son développement au début du siècle dernier. Au tournant du siècle présent, ce pays avait atteint les limites d'exploitation intensive et extensive de sa superficie cultivable. Entre les deux guerres, le produit intérieur réel ne s'est pas accru. Depuis le début des années 1950, l'Égypte met en œuvre une stratégie d'industrialisation par la substitution aux importations. Néanmoins, du fait de ses maigres ressources primaires, ce pays était arrivé au terme de la phase de susbtitution aux importations avant le milieu des années 1960. Au début des années 1970, il a annoncé une stratégie nouvelle, à savoir la politique de la « porte ouverte ».

« L'un des objectifs principaux de cette politique de la « porte ouverte » est d'encourager l'investissement étranger pour s'assurer le financement étranger et la technologie nécessaires. Elle a également pour but la création d'un système national de gestion plus efficace qui permette d'élever la productivité industrielle et de promouvoir les exportations.

« Le succès de cette politique et la réalisation de ses objectifs économiques dépendent toutefois, dans une large mesure, de l'évolution des politiques internationales. En effet, l'accroissement des exportations industrielles égyptiennes sur les marchés internationaux nécessite la mise en œuvre de politiques appropriées par les pays importateurs. Ensuite les politiques d'emprunts extérieurs doivent être modifiées si l'on veut alléger le poids du service de la dette.

« L'analyse ci-dessus fait nettement ressortir la nécessité de la coopération et de la coordination économiques entres pays arabes pour la solution de leurs problèmes économiques nationaux et la réalisation de leurs objectifs. »

2. Et sa critique

On notera, dans ce point de vue, la nécessité pour une économie périphérique de rencontrer des « conditions extérieures » favorables pour réussir à franchir la barrière qui sépare une étape de la suivante. C'est dans ce contexte que E. Montasser propose, pour promouvoir simultanément ces transitions de cette nature différente pour différents pays, d'une part une intégration régionale arabe, et d'autre part une intégration de cet ensemble dans le marché mondial, seule susceptible de fournir au pays arabe le plus « avancé » (l'Égypte) les éléments (technologie, accès aux marchés développés) qui lui permettraient de passer à l'étape supérieure. C'est dans cette optique que l'échec des négociations Nord-Sud, et les difficultés du renouvellement de l'accord international multifibres apparaissent comme particulièrement inquiétants.

La critique du point de vue exprimé par E. Montasser a d'abord porté sur le fait que ce point de vue, bien que divergent de celui de W. Rostow, tient peu compte de la structure et de l'histoire de ces « conditions extérieures » qui y jouent néanmoins un rôle capital. Il s'agit du double inséparable de la périphérie, c'est-à-dire du centre, et donc des effets et de l'histoire de l'impérialisme.

Ce qui était possible en Amérique Latine aux débuts du capitalisme monopoliste, à une ère de fractionnement encore important du marché mondial, — c'est-à-dire l'émergence d'une bourgeoisie nationale urbaine et rurale, porteuse d'une industrialisation par substitution à l'importation — ne l'est sans doute pas aujourd'hui, dans une époque marquée par l'intégration du marché mondial et l'émergence des firmes mutinationales (8).

Comme l'a noté S. Amin, on ne peut pas concevoir,

(8) A cet égard E. OTEISA (Université du Sussex) a noté que le processus d'import substitution en Amérique Latine avait été initié par le blocage des industries d'exportation vers l'Europe et l'Amérique dans les années 30 à la suite de la montée des protectionnismes. E. OTEISA a aussi souligné la nécessité de disposer d'un marché intérieur important et protégé pour poursuivre un tel processus.

pour ces raisons, le développement de l'Afrique comme celui de l'Amérique Latine, avec un simple décalage dans le temps.

On a noté ensuite que ce point de vue étapiste pouvait apparaître comme préconisant essentiellement une prolongation des tendances passées (scénario 1), infléchies par des résultats minimaux acquis dans le cadre des négociations Nord-Sud.

C'est la cohérence même d'une telle perspective qui a été mise en cause, le contexte de crise économique mondiale durable laissant prévoir, dans ce cadre, non pas une progression lente du niveau de vie des masses africaines dans une succession d'étapes, mais un recul significatif. Cette perspective catastrophiste n'est néanmoins pas exclue, même si la réalisation doit s'accompagner de contradictions insupportables, donc de ruptures. Ces dernières ne débouchent pas nécessairement sur les autres familles de scénarios. Un horizon qui est aussi possible : la fascisation et la militarisation d'une Afrique déchirée par des guerres locales... (9).

Les deux versions du nouvel ordre économique mondial

Le texte de A. Faire a esquissé une version particulière de la deuxième famille de scénarios : une version « récupérée », organisée par le Nord et plus particulièrement les États-Unis, et susceptible de promouvoir un développement capitaliste — fût-il d'État — au moins dans les pays massivement exportateurs de matières premières minérales et énergétiques (10). Le texte de D. Malkin a évoqué cette même version en soulignant les évolutions qui se font jour

(9) A cette perspective, on a rattaché les tendances idéologiques « nihilistes » qui se développent dans certains secteurs de la jeunesse urbaine africaine, et on a évoqué le spectre de « Papa Doc-isme » africain. On doit aussi signaler le débat concernant les causes profondes des guerres locales : internes (tribalisme, rivalités ethniques, émergence de sous-impérialismes) ou bien externes (aggressions de l'impérialisme, rivalité des super-puissances) ? Diversions en tous cas, permises par l'échec de solutions populaires aux problèmes confrontant les formations sociales africaines, et permettant de consolider cet échec.

(10) « Stratégies du Nord et Stratégies du Sud : quelques hypothèses pour l'Afrique. » Voir ci-dessus.

dans le Nord quant à l'attitude à adopter avec les expériences de rupture avec le présent néo-colonial dans le Tiers monde (11).

1. L'avenir de l'industrie minière : développement...

La cohérence de cette version du scénario 2 repose sur la volonté et la possibilité d'un développement important de l'industrie d'extraction et de transformation des matières premières minérales et énergétiques africaines, dirigé par les grandes firmes multinationales minières en coopération avec des appareils d'état efficaces dans les pays africains, qui s'approprieraient des revenus importants utilisés pour financer l'agriculture, les équipements d'infrastructure, les autres catégories d'industries, etc. (12).

C'est la réalité de cette stratégie éventuelle des grandes firmes multinationales minières — et des appareils d'état qui les soutiennent — qui peut être remise en cause. On a en effet noté qu'entre 1973 et 1976, les dépenses de recherche et de prospection minière dans le Tiers monde en général, et en Afrique en particulier, ont fortement décru au profit de zones considérées comme « sûres » dans la ceinture minière de l'Occident (13). Mais faut-il considérer que cette évolution exprime une tendance durable, ou qu'elle a été étroitement liée à la période offensive (1974-1976) des associations de pays producteurs ? En d'autres termes, si l'on considère l'ensemble des grandes réserves

(11) « L'Évolution des pays développés et les perspectives industrielles du Tiers monde. » Voir ci-dessus.

(12) Les conditions « d'efficacité » des appareils d'État ne concernent pas seulement leur capacité à maintenir l'ordre et la régularité des échanges mais aussi leur capacité à s'approprier des revenus extérieurs et de les redistribuer afin de financer une accumulation s'étendant à d'autres secteurs. S. DEMAILLY (Laboratoire de conjoncture et prospective — Paris) a soutenu que de tels appareils d'état ne pouvaient résulter que d'un processus de lutte alliant fractions nationales de la bourgeoisie et masses populaires contre l'impérialisme, et non de remises en ordre résultant de conflits internes à la bourgeoisie : Algérie, Mozambique, Angola d'un côté, Iran, Zaïre et Nigéria de l'autre.

(13) La Conférence de Khartoum a récemment dénoncé ce phénomène comme l'a rappelé P.M. HENRY. Ce dernier a aussi souligné que si l'on raisonnait à partir des projets engagés, il faudrait attendre 10 ou 15 ans pour voir se matérialiser des développements de l'importance de ceux qu'implique le scénario 2, en admettant même que les énormes investissements nécessaires puissent être réunis. Il importe donc de réfléchir à ce qui peut se passer jusqu'à ce terme.

minérales et énergétiques mondiales, celles de l'Afrique (en général de meilleure qualité et de moindre coût) seront-elles exploitées en premier, la concurrence de celles des « zones sûres », voire à terme de celles des fonds océaniques, étant brandies comme une menace pour limiter les exigences des pays producteurs ? Ou au contraire la sécurité primera-t-elle de manière durable sur la rentabilité dans la stratégie des firmes ? Les mêmes questions se posent au niveau des unités de première transformation.

2. Ou stagnation

C'est le deuxième point de vue qui a été développé par Y. Le Moal pour ce qui concerne la filière du fer (14). Après avoir rappelé l'évolution de la sidérurgie africaine depuis les premières unités en Égypte, en Algérie et en Afrique australe fonctionnant à la fin de la deuxième guerre mondiale, aux première unités intégrées en Égypte (1956), Tunisie (1966), Algérie (1969), et à l'exportation massive du minerai de fer, Y. Le Moal examine les tendances contradictoires qu'elle a connues en Afrique depuis 1973. Cette évolution récente, contradictoire, est caractérisée par :

— la consolidation des sidérurgies nationales des pays d'Afrique du Nord (Mauritanie, Maroc, Algérie, Libye, Égypte), mais l'importance nouvelle prise par les projets d'unités de pré-réduction pour l'exportation (Tunisie, Égypte) ;

— la naissance des sidérurgies nationales des pays subsahariens et le développement en Afrique australe de projets d'exportation de produits finis.

« Enfin, si les projet algériens (Gara-Djebilet) et guinéens (MIFERGUI) constituent les premiers projets miniers d'envergure intégrant des mines de fer africaines et des sidérurgies africaines (cf. le rôle des futures livraisons de MIFERGUI pour le projet sidérurgique algérien de JIJEL et pour le projet nigérien de NAIRA), les trusts occidentaux cherchent :

(14) Résumé et extraits du texte, *Eléments pour l'intégration des questions spécifiques à la sidérurgie dans une réflexion sur l'avenir de l'Afrique*, GRESE, Montpellier.

— d'une part, à *contrôler des mines alternatives* à leurs participations sud-américaines, australiennes ou canadiennes, tels :

- les consortiums constitués pour le projet ivoirien du Mont Klahoyo (9 ou 12 Mt/an) le projet gabonais de Mekambo (15 Mt/an)
- les projets de LISCO au Libéria à Wologisi (10 Mt/an) ou des divers trusts miniers en Afrique du Sud (20 à 30 Mt/an)

— d'autre part, à *geler le développement des mines de fer africaines* par le biais du financement des infrastructures (cf. les cas guinéens ou gabonais) ou en invoquant des raisons politiques (cf. le cas angolais).

Le continent africain apparaît alors comme une réserve de minerais à mettre en exploitation lorsque certains impératifs l'exigeront. »

Un certain nombre de conclusions découlent de cette analyse :

« Ainsi, il apparaît clairement que la participation de l'Afrique à une nouvelle division internationale du travail est au cœur des contraditions actuelles de la jeune sidérurgie africaine :

— le développement de ses mines est encore, de fait, maîtrisé par les multinationales (exception faite du projet algérien de Gara-Djebilet), la lutte contre cette dépendance étant alors une des questions des dix prochaines années ;

— la construction d'usines « export-oriented » devient une nouvelle spéculation pour les bougeoisies nationales alors que l'intégration de la sidérurgie dans une politique de développement à long terme est à peine esquissée ;

— la coopération régionale demeure une proposition à concrétiser malgré les problèmes posés par les mini-usines et malgré le développement des importations.

« Toute réflexion sur l'avenir à long terme de la sidérugie africaine, passe alors par l'analyse des voies et des formes possibles de développement de ces trois niveaux de contradictions.

« L'Afrique (hormis semble-t-il l'Afrique australe) apparaît comme une réserve de minerais pour le futur. Une telle situation semble interférer avec :

• la résorption du futur déficit mondial en minerai de fer vers 1985, et

• la maîtrise du développement des aciéries par rapport à la maîtrise de la production minière.

« En effet, la résorption du futur déficit mondial en minerai de fer (et de charbon cokéfiable) pose plus particulièrement les problèmes de :

— l'avenir de l'approvisionnement des pays du Tiers monde,

— et le sens d'une action des pays du Tiers monde sur le niveau des prix du minerai,

ensemble de questions conditionnant la maîtrise du développement de la sidérurgie du Tiers monde.

« L'existence d'une pénurie relative mondiale en minerai de fer vers 1985 a été reconnue dès 1975 par la commission de la Communauté Économique Européenne (C.E.E.) dans son mémorandum « Objectifs Généraux Acier 1980-1985 ».

« Dans la mesure où, en 1974, les capacités d'exportation s'élevaient à 340 Mt, il apparaît que les capacités additionnelles mises en exploitation d'ici 1985 seront insuffisantes : 210-285 Mt contre 245-310 Mt nécessaires.

« Les pays industrialisés contrôlant sous des formes diverses la majorité des mines nouvelles, ces pays garantissant leurs propres approvisionnements avant de satisfaire la demande des jeunes sidérurgies. En conséquence, celles-ci devraient :

— soit renoncer à utiliser leurs usines à pleine capacité,

— soit renoncer à développer certains projets.

« La maîtrise de la production minière semble alors conditionner la maîtrise du plein développement des aciéries du Tiers monde par les États concernés. Le statut de « réserves alternatives », que les trusts ont de fait donné aux mines africaines, devient une nouvelle source de contradictions dans une telle situation : la non-maîtrise par les États africains de leur développement minier est contradictoire avec la participation de l'Afrique à la résolution des luttes qui se développent dans la sidérurgie en vue d'une autonomie collective des pays du Tiers monde.

« Les effets de cette non-maîtrise ne se limitent pas à des aspects quantitatifs, ils affectent aussi la maîtrise de la formation des prix du minerai de fer : dans la mesure où le développement de mines « marginales » (marginales par rapport aux mines australiennes, canadiennes ou brésiliennes) sera nécessaire, il peut être supposé que le prix de leur minerai sera déterminé non seulement par leurs coûts de production, mais aussi par le taux de profit que des trusts essaieront de réaliser en Australie ou au Brésil.

« Dans ces conditions :

— la rente de monopole échappera aux États africains, y compris aux bourgeoisies nationales, si ceux-ci cherchent à exporter sur le marché international, outre leurs coûts de développement plus élevés qu'en Australie ou au Brésil, les usines africaines ne pouvant toutes offrir un minerai aussi riche ou apte aux techniques les plus sophistiquées que les minerais de ces pays, ce qui contribue à leur sous-valorisation ;

— les sidérurgies du Tiers monde approvisionnées à un prix déterminé par les trusts (même si ceux-ci ne contrôlent pas la mine) seront pénalisées.

« En conséquence, il apparaît qu'il y a historiquement contradiction entre d'une part les intérêts des multinationales et d'autre part les intérêts de classe des bourgeoisies nationalistes africaines : le « gel » de fait des projets africains au profit des grands pays miniers membres de ce que l'on pourrait appeler la « ceinture minière de l'Occident » (Canada, Brésil, Afrique du Sud, Australie) prive cette bourgeoisie des bases de sa reproduction : l'appropriation d'une rente minière perçue sur les bourgeoisies monopolistes du « centre ».

« La résolution de cette contradiction passe :

— dans un premier temps par la reconnaissance de la convergence d'intérêts entre les États progressistes et les bourgeoisies nationalistes africaines et du reste du Tiers monde ; ce qui devrait se traduire par une maîtrise accrue du Tiers monde sur ces minerais et leur exploitation ;

— dans un deuxième temps, par une politique de prix

différenciée : si, comme l'avait souligné le Président Boumédienne dans le mémoire présenté devant l'Assemblée Générale Extraordinaire des Nations Unies (avril 1974), il existe une « rente » due à la qualité des minerais riches, rente qui doit être récupérée par les pays producteurs, dans quelle mesure les pays du Tiers monde non-producteurs de minerai de fer doivent-ils la payer ?

« La réponse à cette question n'est pas immédiate ; elle dépend :
— des alliances entre pays du Tiers monde,
— de la nature du développement sidérurgique.

« En ce qui concerne la maîtrise du développement des aciéries, la situation actuelle dépend ;
— du mode de développement de la sidérurgie (four à oxygène et pré-réduction),
— de la maîtrise du minerai de fer riche par la ceinture minière de l'Occident, crée les conditions d'une nouvelle forme de dépendance des pays africains.

« En effet, les technologies offertes aux pays africains (essentiellement la pré-réduction) contribuent à insérer ces pays dans une nouvelle division internationale du travail, en privilégiant :
— l'emploi des minerais riches aptes à la pré-réduction
— la sous-valorisation du gaz naturel.

« La lutte pour le contrôle politique et économique de la filière « pré-réduction—four électrique » s'impose alors :
— d'une part, pour résoudre une contradiction propre au continent africain (Afrique australe exclue) : l'absence de disponibilités en charbon minéral cokéfiable, dont la substitution par le charbon végétal (cf. technique du « charcoal » réinventée par les brésiliens pour résoudre partiellement leurs problèmes analogues) créerait des risques de dégradation importante des forêts et des sols africains ;
— d'autre part, pour réduire les risques d'une opposition d'intérêts entre les pays du Tiers monde détenteurs de minerais aptes à la pré-réduction et ceux qui n'en possèdent pas.

« La reconnaisance de la convergence des intérêts entre

les forces sociales africaines nationalistes et progressistes constitue alors une phase essentielle dans une lutte pour un désengagement de la nouvelle division internationale du travail en cours de formation.

« L'objet concret de cette convergence d'intérêts apparaît comme étant la maîtrise du développement des aciéries (ex : choix des technologies à utiliser et à développer ; autonomie collective en minerai par rapport à la ceinture minière de l'Occident).

« Mais une telle maîtrise repose les problèmes déjà abordés :

— des sidérurgies « export-oriented » ;
— des mini-usines ;
— de la coopération régionale intra-africaine.

« Usines tournées vers l'exportation et mini-usines (essentiellement pour des ronds à béton) sont de fait deux aspects d'une même contradiction (ces deux aspects se confondant parfois dans des cas comme la mini-usine d'Abu Dhabi qui exporterait les ronds à béton !) : l'intérêt d'une certaine couche de la bourgeoisie dans une forme d'accumulation de capital qui privilégie la spéculation tant foncière urbaine que commerciale internationale.

« En quoi l'exportation de produits semi-finis et finis sidérurgiques ne peut être autre chose qu'une spéculation commerciale pour cette fraction de la bourgeoisie, de même que les productions des mini-usines ?

« La réponse se trouve dans la logique des luttes qui se mènent au « centre » entre fractions du capital, et entre capitalistes et travailleurs.

« La sidérurgie demeurant une des bases directes et indirectes de l'hégémonie de l'Occident, il ne peut être question de sa délocalisation massive ; par contre, la résolution des luttes qui traversent actuellement le « Centre » (cf. les licenciements massifs ; les restructurations des projets d'usines nouvelles ; les luttes à l'exportation) implique un certain développement de la sidérurgie du Tiers monde : production d'aciers courants selon les techniques banalisées, en vue :

- de supprimer certains marchés à l'exportation de certains trusts ;

• d'exportation sur le marché international.

« Une telle pratique industrielle des pays du « Sud » mettrait en cause (dans la mesure où cette pratique naissante s'étendrait) l'existence de certains trusts :

— leurs marchés nationaux seraient de moins en moins des chasses gardées ;

— ils perdraient la maîtrise de la formation de leur profit en devant s'aligner sur les prix des produits du « Sud » cf. la lutte dans la C.E.E. et aux États-Unis sur les prix minima des produits sidérurgiques importés). »

« Les conséquences d'une telle pratique industrielle seraient claires pour les pays africains :

— elle suppose une spéculation sur la dévalorisation de a force de travail (produits et techniques sont banalisés) ;

— elle implique la non-maîtrise du processus interne d'accumulation de capital.

« Les termes d'une alternative à moyen terme (1985-1990) pour le développement de la sidérurgie de l'Afrique ub-saharienne (Afrique australe exclue) apparaissent avec 'analyse de la maîtrise du développement des aciéries ;

— ou bien certaines bourgeoisies africaines développent ur une base nationale des usines devant exporter et des nini-usines de produits banalisées ;

— ou bien les forces sociales nationalistes et progressises inscrivent la sidérurgie dans un processus de développenent devant

• assurer leur autonomie collective en ce qui concerne le minerai et les réducteurs (gaz naturel, charbon) ;

• permettre de lutter contre la dévalorisation de leur capital, sous toutes ses formes ;

• accroître la maîtrise de leur accumulation de capital.

« Dans une telle perspective, la coopération régionale ntra-africaine s'impose pour développer les productions et es organisations de production nécessaires pour atteindre de els objectifs.

« La seule construction des centres sidérurgiques pourrait illustrer la portée d'une coopération intra-africaine, et même peut-être avec d'autres pays du Tiers monde (cf. Inde, Yougoslavie).

« Le contenu et les voies d'une telle proposition seront à examiner après discussions et approfondissement des réflexions qui ont amené la formulation de cette alternative à l'insertion renouvelée de l'Afrique dans la division internationale du travail. »

3. Bourgeoisies nationales et intégration régionale

On voit donc se dessiner, à partir de cet exemple, une deuxième version du scénario 2, sans doute plus proche de celle que visaient en 1974 les promoteurs du nouvel ordre économique mondial. L'industrialisation de l'Afrique, notamment dans le domaine de l'industrie minière et de l'industrie lourde, y est conçue comme antagoniste aux intérêts de l'impérialisme, et devant être réalisée par une coalition large de forces progressistes agissant à travers les appareils d'état africains. Des négociations concernant le nouvel ordre économique mondial sont conçues comme une lutte nécessaire pour obtenir du Nord que les conditions permissives d'une telle industrialisation soient réunies, et notamment un accès aux marchés du Nord, nécessaire pour écouler la production excédentaire des grandes mines et des grandes unités de production industrielle, en attendant que l'intégration intra-africaine — au niveau régional et continental — permette d'adopter les débouchés aux capacités de production. C'est en définitive la perspective de cette intégration et les alliances internationales qu'elle implique qui donnent sa cohérence à cette deuxième version du scénario 2.

Mais s'agit-il toujours du scénario 2 ? Ou plutôt d'une certaine forme de transition vers un développement autocentré ? Les critiques apportées à cette vision de l'avenir du continent africain ont été multiples. Elles rejoignent en fait le débat sur la conception du développement autocentré, au niveau national, régional et continental.

Avant d'aborder ce débat, il est utile de souligner que cette deuxième version du scénario 2 rejoint dans une certaine mesure la conception étapiste du développement africain. Il s'agit bien de dépasser le blocage actuel de l'industrialisation africaine par une prolongation de la phase de substitution à l'importation. Mais c'est l'industrialisation lourde qui y est considérée comme l'élément nécessaire à ce dépassement (15). En conséquence, l'intégration régionale ou continentale paraît devoir y jouer un rôle capital, et les marchés du Nord n'y jouent qu'un rôle d'appui temporaire.

4. La délocalisation des industries légères

Il faut aussi noter les interrogations concernant l'accessibilité d'un tel modèle de développement aux pays n'ayant pas, comme les pays pétroliers ou miniers, de bases importantes d'accumulation immédiate (16).

C'est bien à travers l'intégration régionale que ces pays peuvent s'insérer dans cette deuxième version du scénario 2, et non à travers le développement d'industries légères d'exportation vers le Nord, qui apparaît d'autant plus incertain que les tendances protectionnistes s'accentuent en toute probabilité en Europe (17), comme l'a souligné A. Grjebine (18).

(15) De plus, on peut dans cette perspective souligner le caractère stratégique de l'industrie lourde, notamment de la sidérurgie, pour l'indépendance nationale, et en particulier dans une perspective de multiplication de conflits locaux suscités par une intervention extérieure au continent.

(16) La notion même de « pays minier » a été contestée. Résulte-t-elle de l'histoire de la recherche et de la prospection, et de tout ce qui sous-tend celle-ci ou des hasards de la géologie ? Des résultats récents, permis par l'usage de la technique de prospection par satellite, semblent confirmer le premier point de vue. En tout état de cause, Philippe de SEYNES (UNITAR) a souligné la présence de nombreux petits gisements déjà connus, peu intéressants pour les firmes multinationales minières, mais qui peuvent jouer un rôle important dans un processus de développement autocentré.

(17) Cette éventualité a été rejetée par ceux qui entrevoient la possibilité de développement d'une nouvelle domination européenne sur l'Afrique, sous couvert d'une association privilégiée Europe-Monde Arabe-Afrique, dans la perspective d'un prolongement de la démarche entreprise par l'Europe dans ce sens et marquée par la convention de Lomé. L'affaiblissement de cette perspective, à la suite des divergences intra-européennes accrues depuis 1974, et de la remise en cause de la définition d'une politique étrangère européenne autonome a aussi été noté.

(18) Extraits du texte « Vers une autonomie concertée des régions du monde », Commissariat Général du Plan, Paris. Ce point de vue a été conforté par l'échec de la première étape de la renégociation de l'Accord Multifibres à Genève en juillet 1977. Plusieurs intervenants ont contesté cette position en sou-

« Le développement d'une spécialisation intra-branche, voire intra-produit au sein du monde industrialisé a non seulement assuré la rentabilité de certaines productions de masse — qui auraient été trop coûteuses pour un seul marché — et accru considérablement les possibilités de choix offertes aux consommateurs, mais il a aussi entretenu une concurrence stimulante entre les firmes implantées dans chacun des pays. Ce faisant, il a incontestablement favorisé une restructuration industrielle qui explique en partie la croissance qu'ont connue certains pays occidentaux — la France en particulier — au cours des dernières décennies.

« Mais si la concurrence entre pays à niveau de développement comparable apparaît comme très positive, en revanche, on ne saurait étendre une telle analyse à la ''concurrence inégale'' des pays à main-d'œuvre bon marché. De ce fait, la comparaison de la situation actuelle des pays industrialisés et de celle de la France, par exemple avant l'ouverture de ses frontières aux autres pays de la C.E.E., paraît tout à fait abusive.

« Certes, l'analyse des secteurs les plus menacés des économies industrialisées montre qu'il s'agit généralement des secteurs les moins efficients, ceux dans lesquels la valeur ajoutée par salarié est la plus faible. L'élimination progressive de tels secteurs peut donc paraître souhaitable. Encore faut-il que les emplois ''perdus'' dans ces secteurs puissent être ''retrouvés'' ailleurs. Or, la liste des branches industrielles les plus menacées par une industrialisation du Tiers monde *axée sur l'exportation* correspond, dans une large mesure, à la liste des branches qui offrent le plus d'emplois industriels peu ou pas qualifiés. En France, l'ensemble des branches menacées — en tout ou en partie — emploie actuellement plus de trois millions de salariés. Une étude récemment publiée par le B.I.T., et consacrée à l'Allemagne, évalue les pertes d'emploi dans ce pays d'ici

lignant qu'elle était le fait des pays développés affaiblis par la crise (Grande-Bretagne, Italie, France) et non celle des autres (États-Unis, Allemagne Fédérale, Japon) ni celles des firmes multinationales. Une succession de protectionnismes sélectifs et temporaires est alors apparue comme le résultat le plus probable des divergences au sein du Nord, touchant relativement peu l'Afrique en raison de son retard en matière d'industries d'exportation et en raison de la nécessité pour la C.E.E. de sauvegarder ses intérêts vitaux en Afrique. Mais l'incertitude concernant l'ouverture des marchés du Nord ne suffit-elle pas à arrêter le développement des industries légères d'exportation ?

1985 en raison des importations en provenance du Tiers monde entre 10,9 et 22,4 % de la population active en 1974. En même temps, les nouveaux emplois créés en Allemagne en raison d'un accroissement des exportations vers le Tiers monde se situeraient entre 5,2 et 5,7 % de la population active en 1974 (19).

« En fait, un renforcement de la division internationale du travail suppose une spécialisation des pays industrialisés dans les secteurs à haut niveau technologique. Or, non seulement il paraît douteux que la grande majorité de la main-d'œuvre peu qualifiée menacée par la concurrence du Tiers monde puisse recevoir rapidement la formation nécessaire pour pouvoir occuper des emplois plus sophistiqués, mais encore, on ne saurait trop souligner que les industries technologiquement les plus avancées sont aussi, le plus souvent, des industries à forte intensité capitalistique employant relativement peu de main-d'œuvre (20).

« Dès lors, il est à craindre que pour résister à cette concurrence inégale, un nombre croissant d'entreprises occidentales implantées dans des secteurs menacés ne choisissent de s'expatrier dans des pays à main-d'œuvre bon marché. Les premiers signes d'une telle orientation sont d'ores et déjà perceptibles... »

« ...A cet égard, il convient de souligner une différence essentielle entre ce que l'on peut appeler l'ancienne division internationale du travail — fondée sur l'échange de produits de base en provenance du Tiers monde contre des produits manufacturés en provenance des pays industrialisés — et la division du travail qui s'esquisse aujourd'hui — fondée sur l'échange de produits manufacturés de consommation courante, fabriqués par la main-d'œuvre abondante et bon marché des pays en développement, contre des produits sophistiqués incorporant surtout du capital et une technologie avancée, fabriqués en Occident. Dans le premier cas, les pays industrialisés ne produisaient pas et ne pouvaient produire les matières premières exportées par le Tiers monde.

(19) U. HIEMENZ et K.W. SCHATZ : « Transfer of employment opportunities as an alternative to the international migration of workers : the case of the Federal Republic of Germany », Working papers, B.I.T., Genève, 1976.

(20) Cf. à ce sujet André GRJEBINE : « La spécialisation internationale analyse de quelques coûts pour les pays industrialisés », *Revue du Tiers monde*, avril-juin 1977.

Il était donc de leur intérêt d'encourager de tels courants d'échange. De surcroît, cette orientation donnée à la production des pays du Tiers monde assurait aux pays occidentaux de nouveaux marchés pour leurs produits manufacturés. La situation actuelle est tout à fait différente dans la mesure où les exportations manufacturées des pays en développement viennent non pas « combler un vide », mais au contraire, concurrencer — et concurrencer souvent de manière irrésistible, compte tenu des différences de coûts de la main-d'œuvre — les productions des pays occidentaux. Il n'est donc pas douteux que, tôt ou tard, ceux-ci seront pratiquement contraints de réagir...

« ...A première vue, on pourrait concevoir que la recherche d'une certaine autonomie conduise les principales zones régionales du monde à privilégier la satisfaction de leurs besoins propres et que, de ce fait, on assiste à une atténuation de la ''concurrence inégale'' et à un rejet du ''schéma colonial'' sans recours à des mesures protectionnistes. En réalité, dans la mesure où une telle orientation du développement économique mondial irait à l'encontre de certains intérêts — en particulier de ceux des firmes multinationales qui trouvent un avantage incontestable à produire dans les pays où la main-d'œuvre est le meilleur marché — il paraît douteux qu'une telle organisation de la planète puisse s'instaurer sans barrières douanières autour des zones régionales.

« Cependant, de telles mesures ne devraient pas résulter de ''guerres commerciales'' semblables à celles que le monde a connu durant l'entre-deux-guerres, mais de la négociation — par exemple dans le cadre du dialogue Nord-Sud — d'un redéploiement mondial des activités, fondée non sur la recherche d'une division internationale du travail optimale mais sur celle d'une meilleure satisfaction des besoins propres de chacune des zones régionales.

« Pour ce faire, les mesures de *protection sélective* qui devraient vraisemblablement être prises dans le cadre de chaque zone régionale — par exemple au niveau de la C.E.E. ou éventuellement de l'ensemble de l'Europe occidentale — pourraient viser à protéger contre une concurrence inégale les secteurs pour lesquels on prévoit une augmentation de la demande domestique. Au contraire, une concurrence croissante — pouvant aller jusqu'à entraîner leur disparition progressive — pourrait être acceptée dans les secteurs où la demande domestique est appelée à s'atténuer, sinon à se tarir.

« ... En fin de compte, alors qu'un regain de protectionnisme semble inévitable, compte tenu des difficultés croissantes que rencontrent les pays occidentaux en raison de la concurrence des pays à main-d'œuvre bon marché, l'examen des expériences du passé comme celui de la situation actuelle montre qu'il est essentiel que des mesures protectionnistes soient prises à bon escient, c'est-à-dire conformément à une vision globale du développement des différentes zones régionales. Autant l'utilisation de telles mesures peut paraître souhaitable pour favoriser une organisation plus autonome des principales régions du monde, autant le déferlement d'un protectionnisme sauvage — séparant notamment des pays situés à des stades de développement comparables comme ceux de la C.E.E. — pourrait avoir des effets désastreux. Il est à craindre, si des mesures de protection inter-zones ne sont pas prises à temps, que le protectionnisme sauvage ne soit inévitable. ...

« ... Il est évident que la recherche d'une plus grande autonomie des principales régions du monde — en particulier des régions industrialisées — n'aurait pas pour objectif d'empêcher l'industrialisation du Tiers monde mais de réorienter le processus engagé vers la satisfaction des besoins fondamentaux des pays en développement.

« L'annonce par les gouvernements occidentaux d'un renforcement progressif de leurs barrières douanières conduirait, selon toute vraisemblance, les firmes implantées dans des pays en développement à privilégier davantage la demande domestique de ces pays au détriment des exportations vers leur pays d'origine.

« Pour amplifier cette demande domestique et accélérer le développement des pays les plus pauvres, une politique d'assistance financière devrait être envisagée. La faiblesse de l'aide au développement accordée jusqu'à présent par les pays occidentaux donne à penser qu'on ne saurait compter sur celle-ci. Dès lors, on est conduit à préconiser la mise en œuvre d'une véritable politique économique mondiale sous l'égide d'un organisme comme le F.M.I. ou la Banque Mondiale. Cette politique pourrait notamment favoriser l'organisation de marchés de capitaux dans les régions en développement. Pour ce faire, l'organisme international chargé d'une telle politique pourrait d'une part garantir des emprunts contractés par des organismes financiers régionaux soit dans le monde occidental soit auprès des pays pétroliers les plus riches, d'autre part recourir à des émissions supplémentaires de D.T.S. au profit du Tiers monde (21)... »

La question d'un protectionnisme éventuel européen concernant les exportations de produits manufacturés a évidemment renvoyé à celle des relations entre peuples africains et travailleurs occidentaux touchés par la montée du chômage. Leurs intérêts peuvent apparaître comme opposés si le problème qui est posé est celui du partage de l'emploi. Le sont-ils réellement, si l'on songe que l'industrialisation d'exportation reste un mythe entretenu par les régimes néocoloniaux africains, et auquel il importe de mettre un terme ; et si l'on songe que la balance des paiements des pays européens les plus touchés par la crise reste excédentaire avec les pays non pétroliers du Tiers monde, alors que le déficit se creuse avec les États-Unis, l'Allemagne et le Japon ? Double diversion donc, qui pèse peu par rapport à la convergence des intérêts historiques de part et d'autre, mais dont le contenu concret au-delà d'actions ponctuelles et de manifestations de solidarité, au-delà d'un refus d'une nouvelle division internationale du travail inégale, reste largement à définir.

Le contenu d'un développement autocentré

Le développement autocentré a été très généralement identifié à un processus de transition socialiste intervenant après une double rupture (22), rupture sur le plan international avec la tendance à l'insertion de plus en plus étroite dans le marché mondial, rupture sociale interne remettant

(21) Pour une analyse détaillée de cette proposition, on peut se reporter à l'étude de André GRJEBINE publiée en mai 1977, dans la revue *Banque :* « Du désendettement du Tiers monde à la régulation de la conjoncture mondiale. »

(22) A l'inverse, la transition à un capitalisme autocentré, c'est-à-dire la réédition du processus de développement qu'a connu le capitalisme central aux XVIIIe et XIXe siècles, est généralement apparue comme exclue pour le capitalisme périphérique contemporain.

en cause l'organisation du monde rural, la hiérarchie des revenus, les modes de consommation urbains, exprimant une rupture plus fondamentale au niveau des alliances de classe (direction du prolétariat urbain et de la paysannerie pauvre).

Les grandes lignes de la transition socialiste vers le développement autocentré, post-rupture, peuvent être résumées de la manière suivante :

— appropriation et exploitation communautaire des terres, conçues comme le seul moyen d'organiser l'efficacité et l'accumulation dans le secteur agricole,

— réorganisation, sur cette base, du secteur prioritaire de l'agriculture, l'agriculture vivrière, avec le double objectif d'améliorer les conditions de vie de la paysannerie pauvre et de fournir un surplus agricole croissant au reste de l'économie, et au fur et à mesure de la hausse de la productivité, une force de travail industrielle,

— rationalisation de l'agriculture d'exportation, et valorisation de ses produits sur place,

— développement industriel tourné en priorité vers le marché interne et mis essentiellement au service de l'agriculture (fourniture d'inputs permettant d'élever la productivité agricole, transformation dans le pays des produits agricoles),

— en conséquence, organisation double de l'industrie : grandes unités modernes dans les secteurs où les économies d'échelle sont importantes, unités décentralisées insérées dans les petites villes ou dans le milieu rural, permettant une articulation étroite du travail agricole et du travail industriel, pour le reste.

Comme on l'a déjà souligné, l'inversion des tendances à l'insertion dans le marché mondial ne signifie pas l'autarcie ni a fortiori l'autarcie instantanée, mais une insertion soumise aux nécessités du développement plutôt qu'une insertion imposant sa logique à ce développement (23).

(23) Le secteur agricole est considéré comme la principale base d'accumulation, ce qui implique dans certains cas une protection du secteur agricole par rapport à des productions déjà plus efficaces disponibles sur le marché mondial. Une partie du surplus est consacrée à l'amélioration des conditions de vie des masses paysannes et urbaines pauvres. S'il ne s'agit pas, pendant une longue période, de socialisme de l'abondance, il ne s'agit pas non plus d'un socialisme de la pauvreté, bien qu'il puisse en avoir l'apparence du point de vue de la bourgeoisie

Naturellement, le débat ne porte pas, ne peut pas porter sur ce « programme » de caractère utopique qui suppose que les principales difficultés aient été résolues. C'est au contraire sur le cheminement qui amène à pouvoir poser les problèmes du développement en ces termes qu'il peut porter.

Il peut être posé de plusieurs manières, par exemple à partir du problème des choix technologiques. On peut, avec J. Bugnicourt, considérer que le pool technologique disponible est constitué de quatre composantes :

— les technologies modernes importées (24).

— les technologies occidentales modernes mais désuètes en Occident,

— les technologies artisanales locales ou importées d'autres pays du Tiers monde,

— les nouvelles technologies « adaptées » issues de la modernisation des technologies artisanales ou conçues spécifiquement pour le Tiers monde.

On peut aussi considérer que c'est l'ensemble de ce pool technologique qui doit être mis à contribution, parfois au sein d'un même processus de production pour dépasser les goulots d'étranglement existants (capitaux, techniciens, savoir technologique populaire) ; la première composante étant principalement, mais pas nécessairement, utilisée pour les grandes unités de production dans les secteurs à économie d'échelles importantes, les deux dernières étant utilisées principalement pour l'industrialisation décentralisée.

1. L'accent sur l'industrie lourde

Mais quelles priorités accorder ? Dans la deuxième version du scénario 2 (voir la section précédente dans ce

urbaine pénétrée par les modes de consommation occidentaux. Philippe de SEYNES a souligné les difficulté de voir se construire une idéologie capable d'amener les formations sociales africaines à traverser sans heurts et sans totalitarisme cette période de frugalité, en rappelant toutefois que le totalitarisme restait principalement l'apanage des régimes liés à l'impérialisme.

(24) A cet égard, les attitudes de la Chine, du Vietnam et du Japon dans la période 1945-60 d'une part (importation de prototypes, démontage, « remontage » adapté aux conditions locales, reproduction), et de l'Iran, par exemple, de l'autre (usines clés en mains), ont été contrastées.

texte), conçue comme une transition à partir de la situation actuelle vers un développement autocentré, elle est accordée à la maîtrise — difficile, comme l'illustre l'exemple algérien — des technologies modernes, et à la mise en place de grandes unités de production dans les secteurs de base (filière sidérurgie mécanique, filière pétrochimie, chimie industrielle, engrais), toute autre technologie, et en particulier les technologies occidentales « désuètes », étant rejetée comme trop coûteuse à terme (compte tenu de leur productivité), et comme conduisant à l'échec des tentatives de maîtrise industrielle.

Le principal problème est alors double. En premier lieu, le financement, onéreux, de l'importation de ces technologies et celui de la taille des unités concernées rendent l'exportation sur le marché mondial indispensable au moins à moyen terme, en attendant le développement du marché intérieur, ou en attendant que les modalités d'autonomie collective du Tiers monde offrent de nouveaux debouchés à ces industries (25).

En deuxième lieu, le financement des importations de technologie peut exiger un transfert important du surplus agricole, conduisant à ne pas consacrer les sommes nécessaires à l'amélioration des conditions de vie des masses paysannes ou à l'investissement dans le secteur agricole ; ou bien encore, conduisant à privilégier les objectifs à court terme dans la mutation du secteur agricole (accent sur l'équipement plutôt que la réorganisation des structures productives) (26). C'est bien entendu la solidité de l'alliance de classes fondamentale (classe ouvrière — paysannerie pauvre) qui risque d'être éprouvée, et ceci d'autant plus que les problèmes ardus d'une tentative de maîtrise industrielle accélérée peuvent monopoliser l'attention et l'énergie de

(25) Même les grandes unités obsolètes sont à rejeter dans ce schéma, car la phase nécessaire d'exportation implique la compétitivité sur le marché mondial. La compétitivité des petites unités modernes, notamment dans le secteur sidérurgique, a été mise en doute.

(26) Comme l'a souligné Marie Angélique Savané, l'introduction inconsidérée d'équipements agricoles, notamment dans le secteur vivrier, peut avoir un résultat inverse à l'objectif recherché de développement des forces productives en rejetant hors de la production les femmes qui y sont insérées, sans leur proposer une insertion sociale alternative. On comprend alors la nécessité de considérer les changements de rapports de production comme préalables à ceux des forces productives.

l'appareil d'état et des couches technocratiques qui ont tendances à s'y consacrer et à s'y organiser (27).

L'ensemble de ces contradictions peuvent infléchir une expérience de transition socialiste, au sein de laquelle se développent nécessairement, et surtout à ses débuts, des tendances à l'organisation d'un capitalisme d'état, vers la consolidation de ce capitalisme d'état, dans laquelle l'alliance de classe fondamentale est rompue au profit d'une alliance aristocratie ouvrière-nouvelle bourgeoisie. Les tendances à l'insertion durable dans le marché mondial peuvent alors l'emporter, et ceci indépendamment d'une remise en cause, alors possible, du caractère étatique de l'industrialisation (28).

Tous ces dangers sont à souligner et l'ont été au cours des débats qui ont abouti à poser les questions : ces dangers ne sont-ils pas inévitables ? Pour autant la voie dessinée ci-dessus est-elle vouée à y succomber ?

2. Le rôle du secteur informel

Sans répondre par l'affirmative, J. Bugnicourt définit néanmoins les éléments d'une alternative pour les villes africaines (29) :

« Il n'est pas possible de reprendre ici l'analyse détaillée de l'environnement urbain et du fonctionnement économique et social des villes. Mais ce qu'il importe d'indiquer rapidement, c'est la multiplicité des liaisons qui existent entre les deux sous-ensembles : l'économie urbaine moderne (M) et l'économie urbaine transitionnelle (T). »

Elles sont infiniment plus diversifiées qu'on ne le croirait à première vue. Les échanges paraissent particulièrement intenses et l'on peut identifier des flux de produits,

(27) Au-delà, le danger de formation d'une aristocratie ouvrière dans les secteurs miniers et d'industrie moderne a aussi été souligné.

(28) Ga Kwamé AMOA (I.D.E.P.) a notamment mis en doute la capacité des sociétés d'état minières africaines à s'insérer dans le marché mondial sans être contraintes à adopter une stratégie similaire aux multinationales minières et abandonner les objectifs initialement recherchés. Pour Philippe de SEYNES, l'exemple algérien montre au contraire qu'il y a une marge de manœuvre possible.

(29) Extraits du texte « Quels futurs pour l'Environnement africain », I.D.E.P.-E.N.D.A.

LIAISONS ENTRE L'ÉCONOMIE TRANSITIONNELLE ET L'ÉCONOMIE URBAINE MODERNE

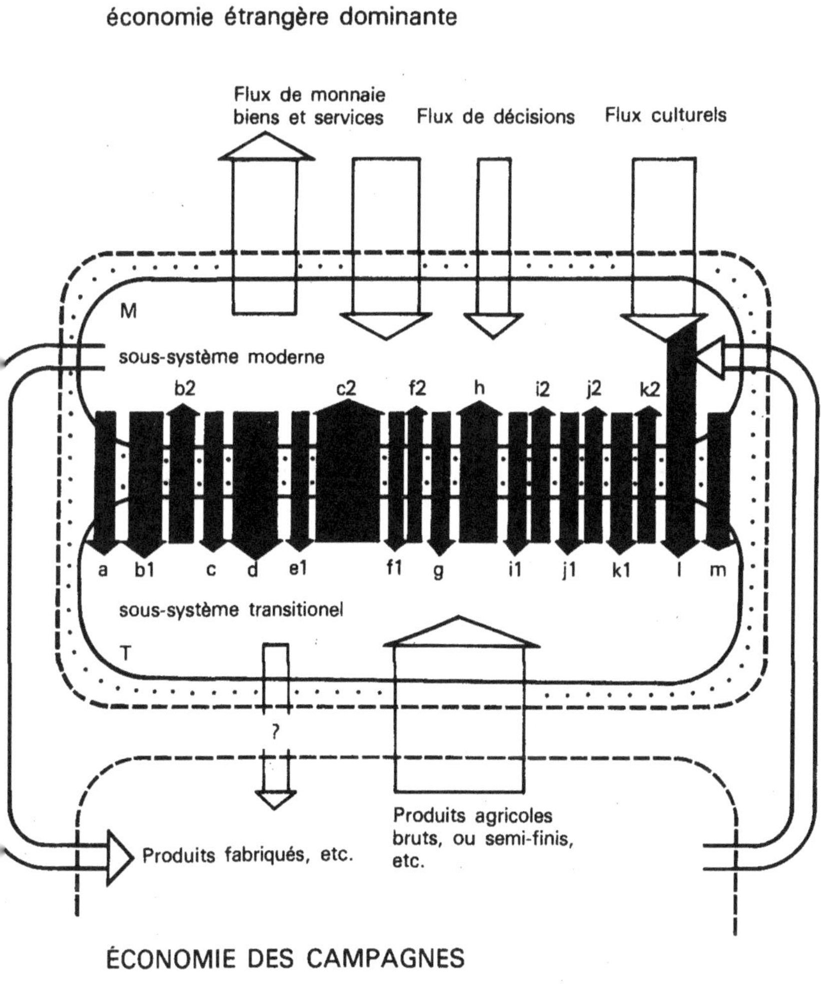

J.B. 73

des flux de monnaie, des flux de biens et services, et des flux relationnels.

C'est de ces types de relations que l'on pourrait partir (30) en sachant qu'ils vont, de toute façon, être bientôt mis en cause.

Il ne fait aucun doute que les formes actuelles de la croissance urbaine, l'accentuation des disparités citadines internes, l'importance croissante des jeunes sans emploi et l'incapacité des groupes dirigeants de faire face à la complexité de problèmes urbains, créent des conditions d'importants changements au cours des prochaines années.

Mais c'est seulement si l'on est décidé à mettre en cause les fondements politique, économique, social et psychologique du système urbain actuel que pourra s'envisager une véritable alternative.

« A partir d'une réflexion sur les villes africaines, on a tenté d'esquisser un schéma de ce que pourrait être l'économie urbaine dans le développement autocentré.

« Il semble que les changements pourraient s'amorcer à divers niveaux. Globalement, le sous-système transitionnel prendrait de l'importance. Certaines ruptures s'opéreraient. L'intensité et le contenu de la plupart des flux qui relient systèmes et sous-systèmes se modifieraient sensiblement.

« a) *Dynamisation du sous-système transitionnel*

En premier lieu, se poserait le problème du développement et de l'intensification de la production dans le sous-système urbain transitionnel. Cette production serait destinée, d'abord, à satisfaire beaucoup plus largement qu'aujourd'hui les besoins de l'ensemble des citadins. Une modification essentielle apparaîtrait par rapport à la période précédente, pour les citadins vivant dans le sous-système transitionnel : ils recevaient une partie de la nourriture de la campagne, mais n'y expédiaient presque rien. L'innovation serait l'accroissement décisif des flux provenant du sous-système transitionnel en direction des zones rurales.

« Pour que cela puisse se faire, il serait nécessaire de démanteler une partie du réseau actuel de commercialisation, qui repose sur les maisons de commerce elles-mêmes

(30) Pour le contenu et l'importance de ces relations, voir la revue *Environnement africain*, Vol. II, n° 3.

reliées à l'importation d'objets fabriqués et de certains biens de consommation ou, accessoirement, à des industries substitutrices d'importation. La nouvelle forme de commerce serait plus proche de ce que l'Afrique a connu et continue de connaître à travers le colportage : de nombreux points de vente, sans grandes installations matérielles, fournissant les paysans aussi près que possible de leur habitat et leur procurant des articles aux prix les plus bas — grâce notamment à des modes d'acheminement peu coûteux et à une concurrence suffisamment vive pour limiter les marges bénéficiaires. Les articles seraient de diverse nature. En priorité, le sous-système transitionnel urbain pourrait être encouragé à fournir des instruments de production simples, depuis les outils (dabas, pioches, pelles, scies...) jusqu'à des moyens d'exhaure (poulies, éléments de noria), ou d'arrosage, ou de traitement et de conservation des produits agricoles et des aliments. Ensuite, l'économie urbaine transitionnelle pourrait contribuer à répondre aux besoins des paysans dans le domaine de la vie quotidienne, par exemple : fourneaux, ustensiles simples de cuisine, peut-être sommiers, moustiquaires...

« Sans aucun doute, les comités de quartier (31) auraient un rôle à jouer dans ce sens, mais il ne semble pas qu'ils aient à prendre en main les circuits. Leurs soucis seraient plutôt de faciliter les contacts entre groupements villageois et groupements de producteurs urbains, de faciliter la concurrence entre petits renvendeurs, et d'empêcher que ne se créent des stockages spéculatifs ou des pénuries artificielles d'articles, et que ne se prélèvent des marges bénéficiaires excessives ; ils pourraient également s'efforcer de faire coïncider le flux d'échange ville-campagne, sous forme de livraison d'articles divers, avec des flux retour sur le même itinéraire portant sur des produits alimentaires notamment (32).

(31) La nouvelle organisation urbaine ne peut fonctionner sans les comités de quartiers, représentant la population et constituant des organes de transmissions et de régulations — l'installation, le fonctionnement des comités de quartier et la formation de leurs membres constituant sans aucun doute la tâche prioritaire dans la perspective d'une alternative urbaine.

(32) On devrait se méfier toutefois de la tentation de s'en tenir à la cession pure et simple de produits agricoles bruts contre des produits manufacturés par le système transitionnel. Une nouvelle politique de développement suppose, au contraire, qu'une partie de la transformation des produits alimentaires et des produits

« Ce développement des échanges du sous-système transitionnel et des campagnes nécessite initialement quelques crédits et, surtout, une volonté de la part des pouvoirs publics d'éliminer les obstacles juridiques et administratifs qui, jusqu'à présent, l'entravent : c'est là un point sur lequel on devra revenir plus loin. Le crédit à distribuer pour amorcer les flux in et out pose un problème délicat mais il pourrait, pour sa mise en place, bénéficier du « désendettement » des paysans qui vont abandonner le système commercial antérieur.

« Cette expansion du sous-système transitionnel urbain constituerait un retournement complet de la situation actuelle et, on l'espère, de la mentalité de ceux qui vivent à l'intérieur de ce sous-système — puisqu'ils sont actuellement menacés par l'appareil légal et par le sous-système moderne, exploités par l'autre partie de l'économie urbaine, et, en général, vilipendés et dénigrés à travers la culture dominante. En définitive, pour que ce sous-système transitionnel joue un rôle dynamique, une série de ruptures s'avère indispensable.

« b) *Ruptures indispensables*

La première des ruptures concerne les liens entre l'extérieur et le sous-système moderne. Ceci ne peut pas ne pas entraîner la fermeture de certaines usines produisant des biens sans rapport avec les besoins réels de la population ou selon des normes et à des prix qui les rendent inaccessibles au plus grand nombre. On aura, ainsi, une certaine augmentation du chômage. Cependant, d'autres usines peuvent être partiellement ou totalement reconverties et se développer désormais en liaison étroite avec une série de petits métiers. Exceptionnellement, quelques entreprises qui seraient particulièrement bien placées en fonction du marché international, et n'auraient pas à jouer un rôle stratégique dans le développement interne, pourraient continuer à travailler pour l'exportation, assurant ainsi des disponibilités

agricoles utiles à l'industrie s'opère dans les campagnes mêmes, notamment dans les villages-centres à partir desquels se diffuserait le commerce rural. Accessoirement, à la différence des denrées agricoles brutes, les produits agricoles transformés constituent un fret de retour au volume comparable à celui des outillages et articles qui seraient transportés de la ville vers les campagnes.

RUPTURES ET MODIFICATIONS DE FLUX

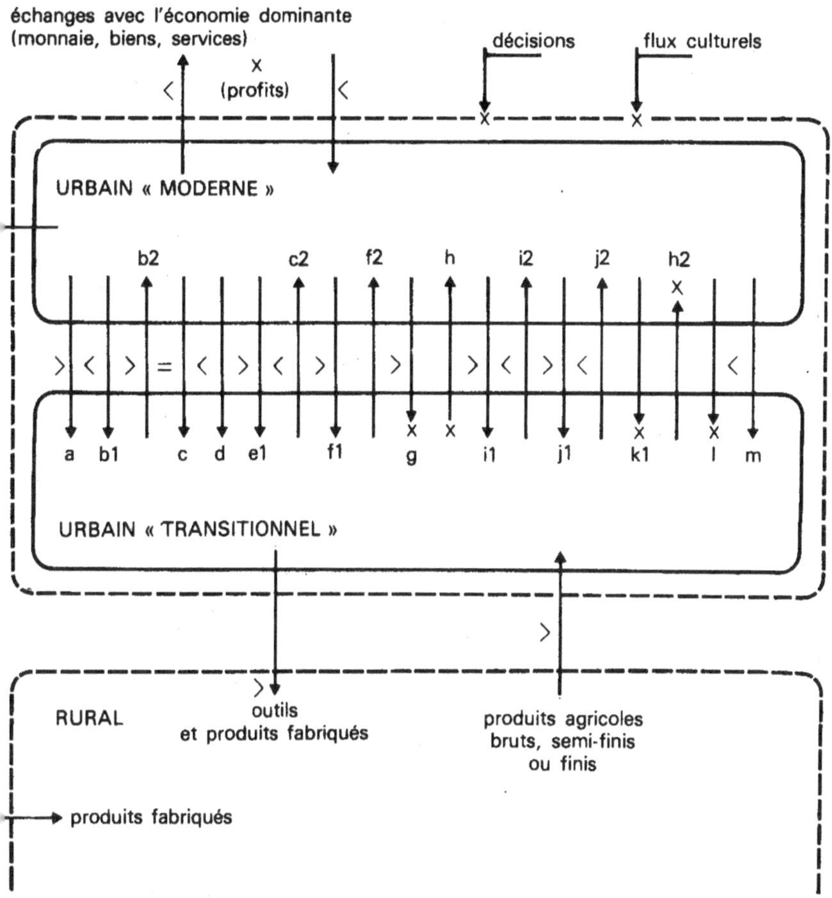

Par rapport à la situation antérieure :

X Rupture

> Accroissement

> Réduction

extérieures utiles comme appoint à cette étape du développement (33).

« Sauf pour cette dernière catégorie, le sous-système moderne dans la partie industrielle devrait donc connaître des mutations importantes qui atténueraient sensiblement son caractère « moderne » et accroîtraient ses liaisons avec le reste de l'économie urbaine et les campagnes.

« Mais il ne suffit pas de couper les flux décisionnels venant de l'extérieur. Deux autres types de flux doivent être également remis en question. Le premier concerne tout ce qui se rattache au modèle de consommation de la couche supérieure de la population. Les véhicules de ce modèle de consommation sont souvent plus diffus qu'il n'y paraît, et c'est non seulement la publicité directe mais celle qui est faite implicitement à travers l'éducation, les livres, les comportements et le tourisme par exemple : on n'échappera pas à la nécessité de les contrôler avec soin. La tentation sera grande, à ce propos, d'instaurer un système strict et rigoureux, au risque de heurter la population habituée à baigner dans les idées, les images, les histoires et la musique venant de l'étranger. On sera enclin, sans doute, à y mettre fin brutalement et à empêcher toute intrusion de ce qui n'est pas « authentique ». Si l'on agit ainsi, il se développera en profondeur dans la population un nouveau sentiment de frustation, et le climat de xénophobie que l'on créera se prêtera à la mobilisation pour des buts fort divers, et autour de leaders parfois plus soucieux de pouvoir personnel que de développement. Un travail patient de filtrage et de retournement, au profit du développement, des apports culturels extérieurs constituera donc une tâche stratégique pour la réussite de l'ensemble de l'opération. Entre le refus de la copie et du mimétisme et le refus de l'isolement et du repli sur soi, la voie est particulièrement étroite et difficile.

« Un type de flux qui devrait en tout cas être complètement stoppé, c'est celui qui alimente la création législative et réglementaire à partir de modèles étrangers (34). Non

(33) Notamment : acquisition de certaines techniques de pointe et de l'outillage correspondant, achat de brevets pour des techniques « intermédiaires », pièces détachées pour les machines et véhicules restant en service, etc.

(34) Cf. J. BUGNICOURT, « Le mimétisme administratif en Afrique : obstacle

seulement il faudrait mettre fin à l'introduction de modèles législatifs extérieurs, mais il faudrait aussi réviser de fond en comble ce qui a été déjà adopté comme législation dite nationale, et construire une réalité juridique nouvelle qui permette justement l'initiative populaire et traduise en textes de valeur légale les véritables aspirations culturelles de la population.

« Cependant, il est illusoire de penser que c'est avec une attitude purement répressive et autarcique qu'on parviendra à un développement autocentré de l'économie urbaine. Le besoin d'ouverture sur l'extérieur continuera à se faire sentir avec acuité sous plusieurs aspects.

« Le premier aspect relève de la nécessité de bénéficier de nombreux exemples d'éco-techniques, pris dans divers pays et différentes époques, et qui puissent être utiles aux travailleurs du sous-système transitionnel urbain. Ceux-ci ne manquent pas de créativité, mais ils peuvent épargner beaucoup de temps et d'efforts, et aussi faire de nouvelles découvertes, au contact d'exemples pris ailleurs.

« De même, la culture nationale, renouant avec le passé, a certainement beaucoup à perdre si elle est condamnée à vivre en vase clos. Si des apports culturels de l'étranger se présentent non pas comme des idées et des images dominantes — soit par leur force propre d'attaque, soit à travers l'admiration ou le snobisme —, la comparaison avec les cultures extérieures peut au contraire être un réel stimulant.

« Ceci répond semble-t-il à la volonté profonde des masses urbaines africaines de ne pas être enfermées dans l'histoire du passé, mais de s'ouvrir à tout ce qui se passe dans le monde (35).

majeur au développement », in *Revue française de science politique,* Paris, n° 6, déc. 1973, pp. 1 239 à 1 377.

(35) Il est évident que ceci implique que l'on repense radicalement ce qu'est actuellement l'information. D'une part, on ne peut plus laisser à certaines agences extrêmement puissantes, et à ceux qui les manipulent, l'essentiel des nouvelles diffusées vers le pays ou du pays vers l'extérieur. D'autre part, ce ne sont pas seulement les décisions en matière d'information qui doivent être réexaminées, et les mécanismes qui recueillent, élaborent ou diffusent les informations, c'est bien aussi le contenu de ce qu'on veut retenir et diffuser (la vie intime des stars — ou les trouvailles techniques en milieu populaire...) Enfin, si l'on souhaite réellement un développement à la base, c'est aussi un système d'information au niveau des communautés paysannes et des communautés de quartier que l'on doit mettre en place, avec des moyens convenables — qui dans bien des cas peuvent être rudimentaires sans cesser pour cela d'être efficaces.

« Une autre forme d'ouverture indispensable concerne les technologies les plus avancées. Dans un pays ou un groupe de pays d'une certaine importance, il semble souhaitable qu'on crée ou qu'on maintienne, en le réinsérant dans le contexte national, un ensemble économique qui fonctionne avec les techniques les plus modernes. S'il est tout à fait possible de se passer d'usines textiles perfectionnées, ou peut-être même de certaines industries mécaniques, par contre, il serait impensable que, au moins dans la grande ville d'un pays, il n'y ait pas une unité qui fonctionne sur la base de connaissances extrêmement poussées — une industrie chimique par exemple, avec autour d'elle des établissements de formation qui permettent la formation et la recherche à un niveau élevé.

« La création de cet îlot de modernisme « de pointe » dans un contexte totalement différent, pose les problèmes les plus sérieux. D'abord, pour des raisons d'économie d'échelle — qui ne sont pas toujours aussi artificielles qu'on veut bien le dire — les îlots de ce type devraient sans doute être conçus pour répondre aux besoins de plusieurs États, sur la base d'une division du travail entre partenaires africains. Ensuite, de telles unités ne devraient pas se trouver entre des mains de responsables et de travailleurs qui soient coupés des autres dans leur vie quotidienne. Au contraire, ceux-ci devraient périodiquement participer à d'autres activités dans le pays, et ils ne devraient pas bénéficier d'avantages, pécuniaires ou autres, plus importants que les travailleurs engagés dans les activités transitionnelles, la haute qualification dans les tâches ne devrait pas nécessairement conduire à une différence dans la rémunération, ce qui signifie, si l'on veut appliquer ce principe, que l'on puisse empêcher le drainage des cerveaux au profit des pays industrialisés, disposés à offrir beaucoup plus que ce que donneraient les pays africains.

« Il n'est pas impossible d'imaginer que, malgré la différence de niveau technique, un certain nombre de relations puissent être liées et maintenues entre l'unité de pointe et les activités urbaines ou rurales transitionnelles.

« La question demeure entière de savoir comment seront réparties les productions de cette unité de pointe. Il existe cependant une marge de choix et l'on peut, à partir du même type de fibre artificielle, produire soit du nylon de haute qualité, soit au contraire des tuyaux en plastique, des arrosoirs, des sandales extrêmement bon marché, des imperméables à un prix tellement dérisoire qu'ils pourraient être proposés partout dans les campagnes, et, à travers ces diverses productions, un élément industriel ultra-moderne pourrait aider directement à l'accroissement de la productivité et à des meilleures conditions sanitaires pour l'ensemble de la population. Bien entendu, il ne faut pas compter sur une telle unité pour offrir beaucoup d'emplois : c'est beaucoup plus le désir marqué de ne point se couper des progrès techniques les plus modernes, et une pierre d'attente posée pour l'avenir, qu'un élément productif significatif pour répondre aux problèmes du présent.

« Ainsi, l'économie urbaine, après ces changements, se présenterait comme une entité qui a évolué, sous diverses formes, vers l'intégration : d'une part, intégration toujours plus poussée entre ce qui subsiste du sous-système moderne et le sous-système transitionnel d'autre part, échanges accrus entre cet ensemble et les campagnes.

« c) *Transformation des flux internes et externes de l'économie urbaine*

« L'importance nouvelle donnée au sous-système transitionnel, de même que les ruptures et les réorientations dans diverses relations économiques et sociales à l'intérieur de la ville, font que l'ensemble des flux, tels qu'ils se présentaient auparavant, s'orientent différemment.

« Ainsi le flux de monnaie du sous-système moderne vers le transitionnel va continuer d'exister, mais sa nature se modifiera. Un nouveau système de crédit devra s'instaurer. On parviendra à rendre l'échange moins inégal, et la rémunération des biens et des services fournis par le sous-système transitionnel un peu plus élevée. Le flux f2 va se modifier aussi sensiblement : les mouvements d'argent T vers M vont correspondre de plus en plus à l'achat de biens d'équipement, d'outils, etc., et moins à l'achat de produits de consommation alignés sur le standard extérieur. On peut penser que le flux de dons et cadeaux faits à ceux qui vivent du sous-système transitionnel par ceux qui appartiennent au système moderne (g) va être sensiblement affecté par les changements en cours. Il est probable que bon nombre de petits patrons ou de cadres du sous-système moderne verront leurs produits annexes et leurs rémunérations sensiblement réduits. Aussi la réciproque de ce flux de cadeaux qui était constituée par les effets de prestige et de clientèle (h) va elle-même s'atténuer. Les pouvoirs publics feront bien de veiller à ce qu'il n'en soit ainsi s'ils souhaitent une modification durable de l'attitude de la population laborieuse. Sinon les phénomènes de clientèle se maintiendront et empêcheront la prise de conscience des responsabilités populaires pour la dynamisation du sous-système transitionnel et la transformation du sous-système moderne.

« Ce qui va poser un problème grave de l'ancien système transitionnel, c'est la raréfaction progressif des déchets (flux d), suite à la réduction des activités des ports et des transports internationaux, et à une diminution des autres activités du sous-système moderne. Un des axes de réflexion des économies et des techniciens serait donc de réhabiliter l'utilisation de matériaux locaux là où leur avait substitué des débris des fabrications industrielles (caisses, bidons, etc.).

« A l'opposé des flux qui précèdent et qui, pour la plupart, vont considérablement diminuer d'ampleur, les échanges de produits semi-finis entre les deux sous-systèmes (a) vont s'accélérer. Les instances planificatrices devront faire le maximum pour qu'ils s'intensifient dans tous les secteurs de la production et dans le domaine des services. Il s'agit en fait, ni plus ni moins, par une intensification des échanges dans ce domaine, d'éliminer à terme plusieurs éléments de ce qui fait la distinction entre les deux sous-systèmes. En ce qui concerne le matériel usagé revendu par les entreprises modernes à des clients du sous-système transitionnel (c), notamment, la chose peut être systématisée, avec instauration d'un système de dépannage et de fourniture de pièces détachées à partir des entreprises modernes vers les ateliers qui ont hérité du matériel déjà usagé — sans que ce soit au détriment de la fabrication de pièces détachées par le sous-système transitionnel lui-même.

« En ce qui concerne les impôts, taxes et subventions (j), c'est l'optique même de leur orientation qui va changer. Il ne s'agit plus de prélever des fonds sur les groupes qui acceptent bien qu'on leur enlève quelque argent, mais bien d'utiliser l'arme de l'impôt et de la subvention pour profiter des performances dans certains secteurs ou certaines entreprises et encourager la reconstitution d'une économie urbaine homogène et fonctionnant dans l'intérêt de l'ensemble du pays. Ce ne sont pas seulement les normes d'imposition qui doivent changer, mais les bases d'imposition — ainsi que l'affectation des fonds collectés aux différentes instances. Il sera sans doute utile, dans la stratégie nouvelle, que les comités de quartier puissent utiliser à leur niveau une partie des fonds d'origine fiscale.

« Cependant, parmi tous les flux qui liaient l'ancien sous-système transitionnel à l'ancien sous-système moderne, ceux qui sont le plus fondamentalement bouleversés concernant les idées, les informations, les stéréotypes, les modes. On a vu que le filtrage de ce qui vient de l'extérieur — et dont le sous-système moderne était le relais — constitue un élément crucial de la nouvelle stratégie. Quant aux décisions concernant la ville, une nouvelle répartition des compétences est indispensable. A côté d'instances décisionnelles comme le plan national, le plan urbain, une marge de décisions importantes doit se trouver directement entre les mains des intéressés, au niveau des quartiers et au niveau de certaines entreprises ou groupements d'entreprises. Assurer la cohérence entre décisions aux divers niveaux et dans les divers espaces n'est pas la moindre des tâches qui s'offrira aux responsables. C'est probablement autant à travers des sessions de formation pour une réflexion collective sur les buts à atteindre et les moyens d'y parvenir, qu'à travers les organismes d'échanges d'informations et de coordination, que l'on parviendra à éviter qu'il y ait trop d'à-coups, de duplications, d'incompatibilités. Il faut s'attendre à ce que les premières années de la nouvelle alternative soient marquées par des pénuries ou des méventes dans un certain nombre de secteurs de l'économie urbaine. Si l'on prend cela en compte, il est indispensable qu'il existe des moyens de donner aussitôt du travail aux entreprises, aux secteurs et aux quartiers les plus touchés, afin d'empêcher ces inévitables à-coups de la mise en place du nouveau système d'alimenter la masse des mécontents.

« Il reste un type de liaisons entre le sous-système moderne et le sous-système transitionnel que l'on peut déceler dans les villes africaines, ce sont les prélèvements illégaux (Flux k). Une partie de la raison d'être de ces prélèvements va disparaître, puisque la légalité ne sera plus désormais l'apanage du sous-système moderne. Pourtant, si on ne prend pas soin d'expliquer les nouveaux textes législatifs et réglementaires — notamment en matière économique — et d'établir un contrôle populaire, on laissera la faculté à de nouveaux responsables de se livrer à de nouvelles sortes de prélèvements :

« Là encore, l'établissement de nouvelles normes légales et l'effort de formation et d'information parviendront seuls à modifier du tout au tout le climat dans lequel vit actuellement le sous-système transitionnel.

Récapitulation des hypothèses d'évolution des flux

	De M' vers T' (x)	*De p' vers M'*
a) Produits semi-finis	+ + +	+
b) Produits finis	+ +	+ +
c) Matériel usagé	+	—
d) Déchets provenant d'activités diverses et de la consommation	+	+
e) Services	+ +	+ +
f) Monnaie	+ + + +	+ + +
g) Monnaie sous forme de dons et cadeaux	—	
h) Effets de clientèle	—	—
i) Crédit	+ + +	—
j) Impôts, taxes, subventions	+ + +	—
k) Prélèvements illégaux	—	—
l) Idées, informations, stéréotypes, modes	—	—
m) Décisions	+ +	—

(x) Oui : +
Non : —

« La logique de cette orientation économique devrait conduire à stopper le phénomène de constitution de groupes dominants à l'allure de bourgeoisie et de rejet dans les zones de pauvreté d'une fraction importante de la population.

« La physionomie même de la ville tendrait à réduire ces disparités : stoppage des constructions de prestige et des édifices de rapport, encouragement à la construction pour les catégories moyennes (mais sans subvention des autorités), aménagement progressif des bidonvilles et installation sur des parcelles assainies de groupes citadins constituant déjà des ensembles plus ou moins communautaires. Ceci suppose également une révision complète des normes des équipements urbains (voirie, éclairage, dispensaires, écoles, etc.) et le choix de petites installations qui puissent être généralisées rapidement à l'ensemble de la population citadine.

« Dans cette difficile transition, un atout décisif est sans doute le recours à la créativité populaire qui se manifeste présentement par l'usage d'astuces et de procédés fort divers, soit au plan des techniciens, soit au plan de la publicité, soit dans les systèmes de transaction. Dans la nouvelle orientation, beaucoup de possibilités qui n'apparaissent pas aujourd'hui, se trouveraient dès lors en pleine lumière. Par exemple, le ramassage et l'utilisation systématique des ordures ménagères et des déchets des fabricants pourraient, eux, faire d'importants progrès. De même, les lots de jardinage qui subsistent dans les grandes villes et la couronne maraîchère située à ses abords immédiats pourraient réaliser une augmentation importante de productivité et employer une partie de la main-d'œuvre citadine. On pourrait également, à partir d'une sérieuse mise en question de l'enseignement à travers des modes diversifiés de formation, susciter une réflexion sur la technologie, et disséminer des informations utiles en matière de santé et d'amélioration de la vie quotidienne.

« Le rôle de l'information et de l'enseignement serait, notamment, de susciter la réflexion et la critique à propos de ces trouvailles et de généraliser rapidement toutes celles qui paraîtraient utiles. Un autre élément important consisterait, bien entendu, dans l'effort organisationnel ; la vitalité d'associations diverses, de clubs de jeunes, de groupements d'originaires, etc., laisse à penser qu'il existe une faculté réelle des nouveaux urbanisés à se grouper et à trouver parmi eux des responsables pour établir des règles de conduite collective et s'y tenir. Dès l'instant où le carcan légal de statuts et de dispositions qui n'ont rien d'africain aura sauté, on devrait trouver aisément les moyens de donner une dimension légale aux organisations que la population créera elle-même — en se gardant de vouloir à tout prix contrôler.

« Il va de soi que tout ce qui précède n'est que proposition et ne doit en aucun cas être pris comme un modèle normatif. Ceci pour deux raisons. La première est que la réflexion sur la ville africaine au niveau où on la mène actuellement n'a pas été poussée assez loin pour que l'on puisse sérieusement parler de l'avenir.

« La seconde raison est plus fondamentale : c'est aux populations citadines elles-mêmes de mener la réflexion sur ce qui est possible ou ce qui ne l'est pas, de prendre conscience de la situation actuelle caractérisée par des disparités croissantes, une oppression réelle, et une idéologie urbaine alimentée par le mythe de la résorption progressive du chômage, celui de la résorption des bidonvilles ou celui de l'accession de tous à la belle ville.

« Le processus selon lequel les villes africaines vont — peut-être — se transformer et la part qu'y prendront les diverses couches sociales sont au moins aussi importante que le contenu des changements qu'elles vont connaître. »

Quelle synthèse ?

L'argumentation de J. Bugnicourt suscite des questions inverses de celles qu'avait provoquées la présentation du scénario 2 comme étape nécessaire pour aboutir au scénario 3. Les références multiples aux aspects spécifiques de l'expérience chinoise — notamment celle de la période du grand bond en avant — reprises par exemple dans la stratégie de développement dite des « besoins essentiels », formulée par la Banque Mondiale et l'administration américaine, ont été critiquées. Indépendamment de la question concernant la volonté de la part de l'administration américaine de réellement promouvoir cette stratégie, en raison des risques qu'elles recèle (36), d'autres questions se posent immédiatement. L'accent unilatéral mis sur l'organisation du monde rural et le développement de l'artisanat est-il susceptible de

(36) Voir à ce sujet le texte d'Alexandre FAIRE : « Stratégies du Nord et stratégies du Sud. »

promouvoir, à lui seul, le développement des forces productives ? La possibilité même de faire du secteur rural une base d'accumulation ne dépend-t-elle pas d'un développement industriel ? Les technologies modernes dites adaptées — en particulier sous forme de petites unités — sont-elles réellement efficaces ? Ne sont-elles pas porteuses d'une dépendance technologique tout aussi étroite que des technologies plus efficaces ? Enfin, en ne retenant que le contenu « technique » d'une expérience qui est essentiellement un grand mouvement social et politique, notamment en ce qui concerne le processus préalable de transformation des rapports de production à la campagne, une stratégie telle que celle des « besoins essentiels » ne condamne-t-elle pas en fait les pays du Tiers monde à l'archaïsme et à l'échec ?

Quelle articulation promouvoir alors entre modernité et spécificité ? Quelles sont les formes d'organisation populaire permettant, en approfondissant l'alliance ouvriers-paysans, de combattre l'ensemble de ces déviations possibles sans impliquer une régression des forces productives ? Les réponses sont à chercher, bien entendu, de manière spécifique en tirant les leçons d'expériences spécifiques. Mais quelques éléments de réponse ont néanmoins été dégagés en tout état de cause, notamment par la réflexion sur les problèmes socio-culturels : nécessité de dépasser le dilemme archaïsme — modernité (micro-nationalisme, tribalisme d'un côté, revendications spécifiques d'une petite bourgeoisie urbaine soumise à l'impérialisme culturel occidental de l'autre) ; rôle crucial de la lutte des femmes africaines pour leur émancipation et leur libération dans ce dépassement, et dans la transformation des rapports de production dans le monde rural ; importance de la lutte idéologique, notamment dans le domaine de l'éducation, et redéfinition du rôle des intellectuels africains, etc. Plus généralement, la nécessité de forger une idéologie socialiste, capable de dépasser le vide créé par la destructuration des idéologies traditionnelles ou leur dégénérescence en forces conservatrices a été soulignée. L'indispensable est la promotion de rapports de production socialistes et non de rapports de production capitalistes comme substituts aux rapports traditionnels en voie de destruction.

On remarquera aussi que la deuxième version du scénario 2 fait jouer un rôle important à l'intégration régionale

— dans le sens de l'autonomie collective des régions du Tiers monde — et ceci très tôt dans le processus, avant même que les ruptures internes soient nécessairement consommées dans l'ensemble des pays de la région concernée. Sans nier la nécessité de poursuivre les efforts en vue de l'organisation de l'autonomie collective des régions du Tiers monde, en prenant appui sur les complémentarités, notamment financières entre pays massivement exportateurs de matières premières et autres, et ceci afin de tirer avantage d'économies d'échelles industrielles par exemple, les critiques de cette position mettent au contraire l'accent sur les ruptures nationales, comme préalables à des tentatives réelles d'organisation d'une autonomie des régions du Tiers monde, et ceci pour deux raisons (37). La première concerne la faiblesse des liens régionaux à l'heure actuelle, en Afrique par exemple (38). Elle traduit d'ailleurs la difficulté d'amorcer une intégration régionale, malgré les diverses tentatives qui ont eu lieu dans ce sens, en l'absence d'une puissante volonté politique commune. Ceci implique par ailleurs que le terme de la phase exportatrice de l'industrie

(37) Dans cette conception, les efforts pour construire une autonomie régionale des régions du Tiers monde avant que les ruptures nationales soient effectuées restent néanmoins nécessaires, pour prévenir précisément une pression extérieure trop forte sur les expériences nationales de transition au socialisme. Mais ces efforts ne peuvent aboutir complètement que dans le cadre d'une coopération socialiste. Pour d'autres, l'impulsion donnée au Tiers monde par l'O.P.E.P. en 1974 n'a pas encore achevé de porter ses effets, et l'accent de la stratégie du Tiers monde peut se déplacer de la négociation avec le Nord vers l'organisation de l'autonomie du Tiers monde, d'une manière largement indépendante des évolutions nationales.

(38) Comme le note Omolo OPERE (U.N.C.T.A.D.) dans sa contribution *Le Commerce Intra-Africain et ses Perspectives,* qui souligne que ce commerce ne constitue pas plus de 5 % du commerce africain et que son taux de croissance est inférieur à celui du commerce africain (environ 5% de taux de croissance annuel moyen entre 1965 et 1963 contre environ 12,5 % pour le commerce africain dans son ensemble). Les principaux obstacles au développement du commerce inter-africain ne proviennent pas, comme le souligne Omolo OPERE, des protections visibles ou invisibles, mais de l'insuffisance d'infrastructure de transport, et de l'absence d'un système de compensation africain permettant d'éviter à avoir à financer les transactions commerciales en devises fortes. De plus les firmes multinationales et les pays développés ont tendance, par leurs pratiques (aide liée, accords préférentiels par exemple) à entraver le développement du commerce intra-africain. Omolo OPERE propose en conséquence de porter l'effort sur les infrastructures et sur l'établissement d'un système de compensation, sans négliger la réduction des barrières douanières, mais en le complémentant — et ceci afin que les coûts et bénéfices de cette réduction soient équitablement répartis — de dispositions particulières portant par exemple sur des contrats de livraison à long terme.

lourde puisse être en fait plus éloigné qu'on l'estime au départ, et implique par conséquent une intégration plus durable du développement de cette industrie dans le marché mondial.

Dans ce cas, l'accent mis sur l'intégration régionale comme préalable au désengagement du marché mondial et à la transition vers un développement national autocentré dessinerait un cheminement illusoire vers un objectif difficilement accessible et conduirait en fait au développement d'industries de base, durablement exportatrices et intégrées dans le marché mondial. Loin de constituer une voie d'entrée dans le scénario 3, une telle stratégie s'inscrirait bien dans celui d'une consolidation d'une division internationale du travail nouvelle mais inégale.

La deuxième raison concerne le danger d'émergence de sous-impérialisme, c'est-à-dire d'ensembles régionaux relativement intégrés, mais dominés par un des pays de ces ensembles. Cette tendance peut être déjà décelée dans le Proche-Orient arabe, où la puissance financière de l'Arabie Séoudite permet de dessiner une amorce d'intégration (capitaux séoudiens, main-d'œuvre industrielle égyptienne, développement de l'agriculture soudanaise, etc.) sous direction séoudienne, qui peut s'étendre vers le sud, sur la côte Est de l'Afrique. Elle s'accompagne bien entendu d'une intervention politique séoudienne tendant à favoriser cette tendance à l'intégration, qu'il s'agisse de la péninsule arabique, du Proche-Orient arabe ou de la corne de l'Afrique. Bien entendu aussi, cette tendance est largement hypothéquée par la persistance du conflit du Proche-Orient, et ceci explique le rôle croissant de l'Arabie Séoudite dans les tentatives de réglement rapide de ces conflits.

Il en est de même en Afrique australe. Il s'agit là de l'émergence éventuelle d'un sous-impérialisme de l'Afrique du Sud, organisant une division du travail régionale après le désamorçage éventuel des luttes de libération dans cette partie du continent (39). Il en est de même en Afrique cen-

(39) Dans son texte « Les firmes multinationales en Afrique australe » (CERDAS, République du Zaïre), Rukudzo MURAPA fait état de l'importance et de la croissance des exportations de l'Afrique du Sud vers un grand nombre de pays africains, au-delà même de l'Afrique australe, et ceci en dépit des résolutions de l'O.U.A. Ce texte souligne aussi le rôle des firmes multinationales et associées au capital local dans cette pénétration qui a pour objectif de dépasser l'exiguïté du marché sud-africain.

rompent la paix entre les monopoles capitalistes et empêchent la tendance à la concentration et à la centralisation du capital d'aboutir à la formulation d'un « trust mondial global » kautskiste et ultra-impérialiste, se reflètent au niveau microcosmique dans le monde d'accumulation du capital en Afrique australe, centrale et orientale. Il n'est point besoin ici de donner des exemples concrets, car toute l'histoire du développement du capital dans cette région du monde, comme dans d'autres, n'est que l'histoire des fusions et successions, des mariages provisoires et des courtes trêves, de la collaboration entre capitaux rivaux et en même temps de leur concurrence, du partage du marché des produits manufacturés et de la concurrence acharnée pour s'approprier des matières premières rares telles que les métaux précieux comme l'or et des matières stratégiques telles que l'uranium et le pétrole dans le cas de l'Afrique australe. Toute analyse du rôle des multinationales dans le développement du capital dans cette région devra tenir compte de cet aspect inévitable du mouvement général du capital.

« Enfin, il est tout à fait faux de parler « d'impérialisme » ou de « sous-impérialisme » sud-africain. Rien dans l'histoire n'indique que le capital financier a été un jour national en Afrique du Sud. Au contraire, la République sud-africaine a été elle-même une création du capital financier britannique, de l'impérialisme britannique. Cet impérialisme s'est par la suite multilatéralisé, et le capital financier américain en est devenu l'élément principal et moteur, et rien n'indique que l'impérialisme se soit depuis lors « nationalisé », ce qui permettrait de parler d'impérialisme « sud-africain ». L'oligarchie financière internationale contrôle encore le capital qui existe en Afrique du Sud et, ce que l'on appelle l'« impérialisme sud-africain » est en fait l'impérialisme britannique, allemand ou américain, avec tous les éléments de concurrence et de collaboration qui existent entre eux. Il n'est pas non plus exact de parler de « sous-impérialisme » sud-africain, car il faudrait alors montrer comment un pays qui est lui-même dominé par l'impérialisme devient à son tour un pays impérialiste. En fait le concept même de « sous-impérialisme » n'est pas du tout scientifique. Certains auteurs ont même été jusqu'à qualifier l'Inde, l'Iran et le Brésil de « sous-impérialistes » comme si des néo-colonies pouvaient être tout à la fois impérialistes !!!

« Il ne s'agit pas simplement d'une confusion sémantique, mais d'une confusion d'idées, due au fait que l'impérialisme n'est pas saisi en tant que catégorie historique spécifique d'une certaine phase du développement du capitaliste à l'échelle mondiale, phase que seules certaines économies développées occidentales et le Japon ont atteinte. Pour reprendre les termes de Staline, « l'impérialisme est un système mondial de sujétion financière et d'oppression coloniale de la grande majorité de la population mondiale par une poignée de pays avancés ». Ceux qui parlent d'« impérialisme » ou de « sous-impérialisme » sud-africain essaient une fois encore d'exclure l'Afrique du Sud du système mondial global de l'impérialisme de façon que, une fois encore, ce soit les « impérialistes blancs d'Afrique du Sud » et non l'oligarchie financière internationale qui passe pour l'ennemi du peuple opprimé d'Afrique du Sud. Une telle analyse permet donc de « considérer » cette oligarchie comme un « médiateur » entre deux groupes de classes antagonistes à « l'intérieur » de l'Afrique du Sud ou à « l'intérieur » de l'Afrique australe.

« C'est donc là — considérer l'Afrique du Sud comme n'étant qu'un segment de l'économie mondiale globale et considérer les contradictions dans cette région comme étant essentiellement une manifestation des contradictions plus larges de l'impérialisme lui-même — la première prémisse fondamentale. »

Pour d'autres, la notion de sous-impérialisme recouvre en grande partie celle d'impérialisme relais. L'émergence des sous-impérialismes est un phénomène nouveau, lié à la nouvelle division internationale du travail, ayant pour mission d'organiser des entités régionales praticables à long terme par l'impérialisme, fût-ce aux dépens de ses intérêts immédiats, mais conforme à ses intérêts à long terme, et en particulier à celui des grandes firmes multinationales (41).

(41) Dans le cas de l'Afrique du Sud, la bourgeoisie locale (et ses couches d'appui : petite bourgeoisie, aristocratie ouvrière blanche) serait en mesure de résister aux pressions éventuelles des gouvernements occidentaux tendant à l'amener à négocier avec les pays de la région en des termes qu'elle jugerait défavorables, et en s'appuyant sur les multinationales à imposer à terme des conditions de

La marge de manœuvre de ces sous-impérialismes est grande au départ, sans doute faible à l'arrivée, de même que celle des bourgeoisies nationales dans la période de lutte pour l'indépendance. Pour d'autres enfin, la notion même d'organisation d'entités régionales réellement intégrées est antagonique aux intérêts de l'impérialisme. Elle implique alors un degré de lutte excluant tout danger d'émergence de sous-impérialismes. C'est évidemment cette troisième appréciation qui est la plus conforme à la deuxième version du scénario 2, conçue comme transition au scénario 3. Comme on le voit, le débat entre conceptions différentes de la transition au socialisme en Afrique qui a traversé l'ensemble des discussions, renvoie à des débats fondamentaux qui concernent l'expérience de l'ensemble du Tiers monde.

stabilisation de la région qui lui seraient plus favorables. L'équation développement capitaliste = démocratisation, fondamentale dans la pensée politique, réformiste n'aurait alors aucun sens.

TABLE DES MATIÈRES

www.ingramcontent.com/pod-product-compliance
Lightning Source LLC
LaVergne TN
LVHW010918051026
849532LV00003B/737